Maſſaw= Maſſawomeck 01

RGINIA

N

Britania

ks

Pamaſcack

Taucrent

ſmack
Namaſſinaakens

Aſſaemeck

Nama Brauahiquend

Meſſamatis
Wiſianoe

Nacotchtauk

Quactatauk

Ceguia

The Saſqueſ ahanougs
are a Gyant like peo ple
Vtebang thus a vared

SASQVE

Attaock

Jeſingh

SAHAN

Quadroque

OVGH

BAY

Powhtin

Ozinies

Point Pefmit

Smyts fales

Sasquesahanough flu

Saſquesahanough flu

Tockwogh flu

Peregryns mount

TOCK

WOGHS

ATOV

Acquniachuke

ANAC

and halfe

VKES

Leagues

Chickahokin

Macocks

10

and diſcribed by Captayn Iohn Smith
uen by William Hole

Lampe · Pocahontas

Peter Lampe

Pocahontas

Die Indianer-Prinzessin
am Englischen Hof

Diederichs

Die Deutsche Bibliothek – CIP-Einheitsaufnahme
Lampe, Peter:
Pocahontas : die Indianer-Prinzessin am englischen Hof /
Peter Lampe. – München : Diederichs, 1995
ISBN 3-424-01325-0

Lektorat: Matthias Wolf
Umschlaggestaltung: Zembsch' Werkstatt, München
Produktion: Tillmann Roeder, München
Satz: Uhl + Massopust, Aalen
Druck und Bindung: Huber, Dießen
Papier: Holzfrei, chlorfrei, Werkdruck, Schleipen
Printed in Germany

ISBN 3-424-01325-0

Inhalt

For Margaret, beloved wife from Virginia.
And for Anna Gräfin von Thun-Hohenstein,
who had the idea for this booklet.

Vorwort

Wer war die historische Prinzessin Pocahontas, die, 1595 geboren, als europäisierte Indianerin am Londoner Hof Furore machte, Männer roter und weißer Hautfarbe temperamentvoll liebte und 1617 in England an den Folgen ihres Ferntourismus starb?

In den Vereinigten Staaten ist die 22jährige zu einer »Mutter der Nation« geworden, zum Sinnbild eines schönen Traums von der Integration verschiedener Rassen und Kulturen.

Pocahontas' Lebensgeschichte ist zugleich die der ersten englischen Kolonie auf dem Erdball, der ersten Kolonie, die Bestand hatte. Hier bildete sich die Keimzelle des britischen Weltreichs. Die attraktive Indianerin in englischer Adelstracht trug dazu bei, diese Zelle am Leben zu erhalten.

An dem historischen Material reizt das heute mehr denn je aktuelle Thema der interkulturellen Begegnung. Der Stoff hält unserer eigenen europäischen Kultur ständig den Spiegel vor. Unerfahren im Umgang mit der Fremdheit der »Neuen Welt«, versuchten die neuzeitlichen Europäer auf denkbar ungeschickte und bisweilen skurrile Weise, mit der Steinzeitkultur der Algonkin-Indianer Virginias zurechtzukommen. Es stellt sich die Frage, wer in diesem interkulturellen Kontakt eigentlich die »Wilden« waren. Der Spiegel bleibt auch noch vor unserem Gesicht, wenn schwere ökologische Folgen menschlichen Handelns sichtbar werden, die schon damals den politisch-sozialen Bereich umwälzten. Im übrigen wurde bereits zu jener Zeit, als Pocahontas in die Alte Welt kam, intensiv über das Verhältnis zwischen Natur und Kultur nachgedacht. An dieser Reflexion beteiligte sich kein Geringerer als ihr Zeitgenosse William Shakespeare, der sich von einer Episode in der Pocahontas-Historie zu einem seiner berühmtesten Stücke anregen ließ.

Die Geschichte der indianischen Prinzessin Pocahontas, Ehefrau eines Virginia-Tabakpflanzers am Londoner Hof des ersten prominenten Nichtraucher-Aktivisten, ist nicht nur eine amerikanische Story. Sie ist zugleich eine zutiefst europäische Geschichte.

Riesenvögel am Großen Fluß
Engländer betreten jungfräulichen Boden

»Am 26. Tag im April um etwa 4 Uhr morgens sichteten
wir das Land von Virginia«, notierte George Percy in sein
Tagebuch. Drei englische Handelsschiffe liefen an diesem
Frühlingsmorgen des Jahres 1607 nach monatelangem Törn
über den Atlantik in die Chesapeake Bay ein. Das größere
von ihnen, die »Susan Constant«, bestimmte den Kurs.
Karten gab es nicht. Aufmerksam musterte der Rudergän-
ger die bewaldeten Küsten, auf die bislang kein Engländer
den Fuß gesetzt hatte.

Unter den etwa hundert Abenteurern des kleinen Schiffs-
verbands war George Percy der einzige aus höherem adeli-
gem Hause. Sein Vater, der zwölfte Earl von Northumberland, war ein begeisterter Kriegspferde-Züchter gewesen,
der sich 1585 im Londoner Towergefängnis erschossen
hatte. Georges Bruder Henry, der dreizehnte Earl, saß 1607
wegen angeblicher Verwicklung in eine Verschwörung
ebenfalls im Tower und hielt hof: »Henry the Wizard«, wie
er in seiner Umgebung genannt wurde, lud sich Gelehrte an
den Zellentisch, sponserte Mathematiker, spielte verbissen
Schach und verrauchte, wie Rechnungen zeigen, in seinen
Pfeifen Unmengen Tabaks. Zimperlich waren diese Herren
nicht. Das galt auch für George Percy, der hier an der Reling
den Duft Virginias zu atmen begann. George Washington,
der Virginier, der über anderthalb Jahrhunderte später die
Geschicke Nordamerikas lenken sollte, war ein entfernter
Verwandter George Percys; auch Washington stammte von
den Earls von Northumberland ab.

George Percy, Sohn des Earls von Northumberland

Neben Percy stand an diesem frühen Aprilmorgen der Kapitän Christopher Newport an Deck, ein Draufdränger und exzellenter Seemann, der 1587 mit Sir Francis Drake die Überraschungsattacke auf den Hafen von Cadiz gefahren war. Und noch jemand, der wegen angeblicher Meuterei-Pläne eigentlich unter Deck Arrest hatte, war unbemerkt nach oben gekrochen: Captain John Smith. Mit sechzehn von zu Hause ausgerückt, war der jetzt Siebenundzwanzigjährige zur See gefahren. Militärische Züge in mehrerer Herren Länder hatten dem Söldner ein Beutevermögen eingebracht, dessen Löwenanteil er in eine Londoner Handelsgesellschaft investiert hatte. Im Dienste dieser Gesellschaft, der »Virginia Company«, segelten die drei Schiffe. Sein Vermögen zu mehren, fuhr John Smith mit an Bord.

Die Virginia Company war im Vorjahr von privaten

Captain John Smith

Investoren gegründet und von König Jacob I. (1603–1625) lizenziert worden. Die Teilhaber hofften, ihr eingelegtes Kapital durch das Erschließen neuer Märkte und Rohstoffquellen zu mehren. »Virginia« war ihr Ziel, ohne daß die Gesellschafter genau zu sagen gewußt hätten, was und wie groß dieses Virginia war. Das unerforschte und in seiner Ausdehnung unbekannte Nordamerika hatten die Engländer des 16. Jahrhunderts nach Jacobs Vorgängerin, der ehelosen »Virgin Queen« Elisabeth I., Virginia genannt. Mit Patent von 1584 hatte Elisabeth einst den atlantischen Küstenstreifen nördlich des spanischen Florida ihrem Günstling Sir Walter Raleigh für sechs Jahre zur Exploration überschrieben, »zu entdecken und zu erforschen ... solch entlegene heidnische und barbarische Länder..., die in keines christlichen Fürsten Besitze sind«.

Raleighs Kolonisationsversuch hatte im Desaster geendet: Zwanzig Jahre zuvor, im Jahre 1587, waren über hundert Frauen und Männer auf Roanoke Island im heutigen North Carolina an Land gegangen. Als englische Seefahrer 1590 wieder nach ihnen hatten schauen wollen, waren sie auf mysteriöse Weise verschwunden gewesen. War das das Los, das die Crew der »Susan Constant« erwartete? Oder waren es »Gold, Ehre und Ruhm«, wie der Abenteurer Sir Walter Raleigh erhofft hatte? Raleigh saß, zum Tode verurteilt, seit vier Jahren zusammen mit seinem Freund Henry Percy im Londoner Tower, rauchte karibischen Tabak und schrieb Bücher. Von ihm hatte die Virginia Company das Explorationserbe übernommen. Aus seinem gescheiterten Virginia-Experiment ergab sich für die Londoner Handelsgesellschaft auch die Aufgabe, Spuren der verschwundenen Kolonie zu sichern, falls solche noch zu entdecken waren. Hatten Einheimische die vom Erdboden Verschwundenen hingemetzelt? Wer waren diese heidnischen Indianer? Neben ihren wirtschaftlichen Interessen verfolgte die Virginia Company das Ziel, »die christliche Religion solchen Menschen zu propagieren, die noch in Dunkelheit leben«.

Irgendwo in der Deckung des Ufers verfolgten Augenpaare die Eindringlinge. Wie Riesenvögel glitten ihre Schiffe dahin. Seht dort, am großen Fluß, *chesupioc*! (Von diesem indianischen Ausdruck, »am großen Fluß«, erhielt die Chesapeake Bay ihren Namen.) Bald erreichte die Kunde von den Riesenvögeln auch Powhatan, den Vater der Pocahontas, den mächtigen Chief der Chiefs und Beherrscher der Steinzeitstämme der Region. Mit einem System von Rauch- und Trommelzeichen, von Wachen und Kurieren war Powhatan innerhalb von Stunden darüber unterrichtet, was in seinem Reich vor sich ging. Wie die Engländer später herausfanden, entging ihm »egal zu welcher Zeit« kein ein- oder auslaufendes Schiff: »Wachsam ist er über uns und gut observant über unseren Unternehmungen.« Wo immer er sich mit »seinen Ratgebern und Priestern« aufhielt, in »Residenz« oder »Jagdhaus«, Powhatan war im Bilde. (William Strachey, 1612)

Mißtrauen gegenüber den Eindringlingen war geboten. Zumindest durch Hörensagen hatten die Chesapeake-Bewohner von Fremden in glitzernden Kürassen auf riesigen Wasservögeln Kunde erhalten. Seit Jahrzehnten kamen solche Meldungen auf den Pfaden des Tauschhandels vor allem aus Süden die Küste herauf. Nicht alle Geschichten dieser Art klangen harmlos. Einige sprachen von Tod. Vor allem die Spanier hatten für solche Nachrichten gesorgt. Aber nicht nur. Durch französische und englische Segler waren vereinzelt Indianer wie exotische Zootiere als lebende Souvenire entführt worden. Giovanni da Verrazanos französische Matrosen hatten 1524 am Gestade von Carolina »eine junge Frau, die sehr schön und von großer Statur war«, auf ihr Schiff zerren wollen. Nur wegen ihrer »großen Schreie« ließen sie ab. Eine von Raleighs Expeditionen hatte 1584/85 an Carolinas Küste den Bewohnern eines Dorfes die Häuser abgebrannt und die Maisernte vernichtet, weil sie einen Silberbecher entwendet hatten. »Einige von uns ... zeigten sich zu wütend ... bei Dingen, die wir leicht genug hätten dulden können«, klagte Raleighs wissenschaftlicher Berater Thomas Hariot. Von einem nördlichen Atlantikstrand in Maine waren erst 1605 fünf Indianer auf den englischen Segler des Kapitäns Weymouth entführt und in England zur Schau gestellt worden. Solches oder ähnliches war durch Hörensagen an die Chesapeake Bay gedrungen. Ob die Einheimischen dort auch bereits direkten Kontakt mit Europäern gehabt hatten, ob einige spanische Jesuiten 1570/71 in die Chesapeake Bay gesegelt und am York River für ein paar Monate überlebt hatten, wie die Legende geht, steht dahin.

Auf Lichtungen an Wasserläufen lebten die Einheimischen der Region. Ihre Langhäuser bedeckten sie mit Schilfgrasmatten oder Rinde. Rund um die Dörfer hatten die Männer Felder gerodet, auf denen die Frauen Mais, Bohnen, Squash, Kürbis, und die Männer Wildtabak anbauten. Vier Maisernten im Jahr trieb der fruchtbare Boden. Das Rad und das Schmelzen von Metall kannten die Stämme nicht; englische Kupferkessel wurden ihnen später zum Luxusartikel und Statussymbol. Sommers wie winters jagten die Männer mit Pfeilen und langen Holzbogen. Damit ihr Haar sich nicht in der Bogensehne verfing, scherten sie ihre rechte Kopfseite. Fische wurden vom Einbaum aus harpuniert oder in geflochtenen Riedgras-Netzen gefangen. Dem Stör, oft länger als ein Mann, warf der geschickte Fischer eine Schlinge über, um ihn im Zweikampf zu erschöpfen und aufs Trockne zu ziehen. In seichten Ufergewässern ließen sich Schalentiere ernten: Austern, Muscheln und Blauzangenkrebse. Spiralige Meeresschneckenhäuser liefen als eine Art Währung um, die *rawrenoke* hieß.

Kriegerische Konflikte zwischen Stämmen waren nicht selten. Palisaden umgaben viele Dörfer. Rot gefärbte und am ganzen Körper eingefettete Krieger verstanden sich auf Überraschungsattacken, auf den Pfeilschuß aus der Dekkung, auf Hinterhalt, aber auch auf Nahkampf mit Keule oder Steintomahawk. Keine Gnade erwartend, gewährten sie keine. Harmlose Gegner waren sie nicht.

Powhatan hatte vor nicht langer Zeit rund dreißig Algonkin sprechende Stämme in eine von ihm beherrschte Konföderation gezwungen. Sein eigener Stamm, desselben Namens wie er, war im 16. Jahrhundert in die Küstenregion des heutigen Virginia eingewandert. Powhatans Vater hatte fünf der ortsansässigen Stämme unterworfen und so eine sechsstämmige Konföderation geschaffen. Durch Powhatan waren diesem Verband etwa zwei Dutzend weiterer Stämme hinzugefügt worden. So beherrschte er im Jahre

The towne of Pomeiock and true forme of their howses, couered
and enclosed some wth matts, and some wth barcks of trees. All compassed
abowt wth smale poles stock thick together in stedd of a wall.

Das Dorf von Pomeiock (Aquarell von John White, der 1585 das Indianerleben in
der Roanoke-Region, North Carolina, porträtierte). Eine Menschengruppe schart
sich um das Feuer im Zentrum. Andere tragen oder spalten Holz. Hinten links
wird ein Hund ausgeführt. Zur besseren Ventilation der Häuser wurden die
Schilfgrasmatten in der Hitze des Sommers teilweise entfernt. Eine Palisadenwand
aus dünnen Stangen umgibt die achtzehn Häuser unterschiedlicher Größe. Etwa
vierzig Menschen sind sichtbar, darunter zwei Kinder. John Smith schrieb 1624:
Die Einheimischen in Virginia-Tidewater »leben nicht in großen Zahlen
zusammen, sondern verstreut, gewöhnlich 30, 40, 50 oder 60 in einer Sozietät.
Einige Ortschaften haben 200, wenige mehr, aber viele weniger.«

Gruppe am Feuer

Their rype corne

Their greene corne

Corne newly sprong

Their sitting at meate

the place of solemne prayer

The house wherein the Tombe of their Herounds standeth

SECOTON·

A Ceremony in their prayers w
strange iestures and songes dansing
aboute posts carued on the topps
lyke mens faces.

Das Dorf von Secoton

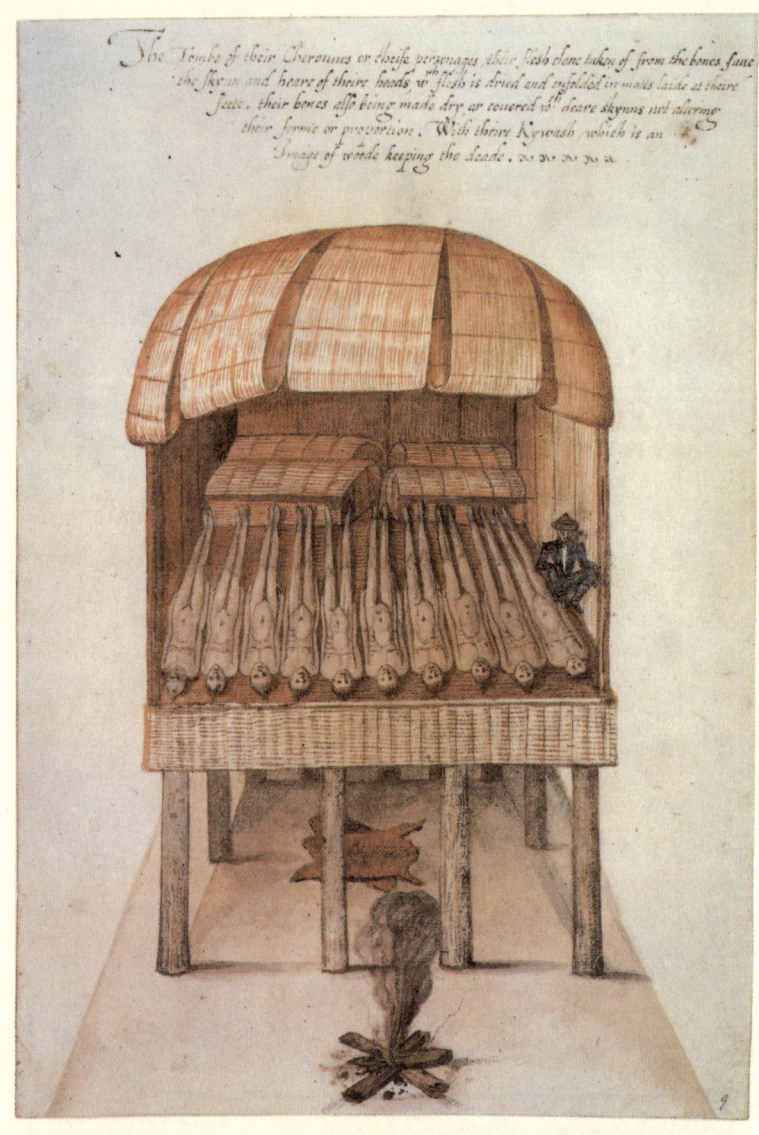

The Tombe of their Cheroines or cheife personages their flesh clene taken of from the bones saue the skynn and heare of theire heads, wch flesh is dried and enfolded in matts laide at theire feete. their bones also being made dry ar couered wth deare skynns not alterinnge their forme or proportion. With theire Kewash, which is an Image of woode keeping the deade.

Totenhaus auf Pfählen. Unerreichbar für Tiere, trocknen die Leichname. Die Gebeine wurden später in Ossuarien beigesetzt.

1607 das gesamte, in der Nord-Süd-Luftlinie über 200 Kilometer lange Küstengebiet vom Potomac River, an dem das heutige Washington liegt, bis zum Great Dismal Swamp im heutigen nördlichen North Carolina. Wer die Ost-West-Ausdehnung ermessen wollte, paddelte einen der fünf Flüsse hinauf, die sich von der Chesapeake Bay wie Riesenfinger ins Land strecken: James, York, Piankatank, Rappahannock und Potomac. Oder er lief auf schmalen Trampelpfaden durch dichte Föhrenwälder – rund 160 Kilometer Luftlinie. Hinzu kam im Osten die über 100 Kilometer lange Halbinsel, die die Chesapeake Bay vom Atlantischen Ozean trennt. Ein stolzes Reich, dieses Virginia-Tidewater, das etwa die Fläche Nordrhein-Westfalens einnahm.

Die über 128 Dörfer der Konföderation mit knapp 9000 Menschen zahlten Powhatan Perlen, Pelze, Kupfer und Lebensmittel als Abgaben und leisteten ihm Kriegsdienste. »Mit großer Furcht und Devotheit gehorchen alle diese Leute diesem Powhatan. Ihm zu Füßen legen sie, was immer er befiehlt. Beim kleinsten Runzeln seiner Braue zittern die Größten.« (Strachey, 1612)

Powhatan befriedete im Innern und schützte vor feindseligen Nachbarn, Monacans, Manahoacs und Irokesen. Werowocómoco hieß das Dorf, in dem die Fäden der Konföderation zusammenliefen. In dieser von Feldern umgebenen Siedlung am Nordufer des heutigen York River, geographisch im Zentrum seines Territoriums, residierte Powhatan. Hier gipfelte die hierarchisch ausdifferenzierte Gesellschaft seines Reichs. Hier standen über hundert Häuser, war das Schatzhaus bis zum Rand gefüllt. Hier lebte der Chief der Chiefs mit mehreren seiner vielen Frauen. Und hier verbrachte seine jetzt zwölfjährige Lieblingstochter Pocahontas ihre Kindheit und Jugend.

»Pocahontas« – mit diesem Kosenamen hatte ihr Vater, wie es Sitte war, sie und ihr Temperament charakterisiert. »Die Lebhafte und fröhlich Verspielte, die Sportliche und

Vergnügte« bedeutete das Algonkin-Wort; Musiker würden sagen »Vivace«. »Der große König Powhatan nannte eine junge Tochter, die ihm gehörte und die er sehr liebte, Pochahuntas, was ›Kleine Ausgelassene‹ bedeuten mag« (Strachey, 1610). Jedermann rief sie so. Ihr eigentlicher Name war dagegen nach altem Brauch geheim und wurde vom engeren Familienkreis vor der Umwelt eifersüchtig gehütet: Matoaka hieß sie. Wer den wirklichen Namen eines Menschen kannte, besaß Einfluß über ihn, so lehrten die Medizinmänner. Wer den Namen nannte, besaß Macht.

Konnte das Algonkin-Imperium auf Dauer bestehen? Sicher, solange der intelligente und energisch durchgreifende Powhatan am Leben war. Im Jahre 1607 waren ihm noch elf Jahre beschieden, elf bewegte Jahre, in denen ihm gar eine Krone von jenseits des Meeres dargebracht wurde. Aber auf Dauer? Den Chief der Chiefs quälten alte Prophetien, vor »denen seine Priester ihm nachhaltig Furcht einflößten, ... daß von der Cheasapeake Bay ein Volk kommen werde, das sein Reich auflösen werde« (Strachey, 1610). Hatte sich diese Intuition der Propheten und Medizinmänner an den indianischen Erzählungen über europäische Seefahrer des 16. Jahrhunderts entzündet? Wie auch immer die Weissagungen entstanden sein mochten, Powhatan hatte solches Raunen ernstgenommen und einen ganzen Stamm im Osten seines Territoriums um die Jahrhundertwende ausgerottet. Aber hatte er die Richtigen getroffen? War die Gefahr aus dem Osten gebannt? Die Propheten ließen nicht locker: Powhatans Leute »würden zweimal die Angreifer niederwerfen ..., aber das dritte Mal würden sie selber unterworfen werden«. War das Zerstören einer Jesuitenstation am York River vor rund 36 Jahren das erste Mal gewesen? Das Auslöschen jenes indianischen Stammes das zweite Mal? Das Eindringen der Engländer im Jahre 1607 das schicksalhafte dritte Mal?

Was immer Powhatan erwogen haben mag, die Unheils-Prophetie seiner raunenden Priester erfüllte sich. Bereits in den 1660er Jahren lag Powhatans Sitz Werowocómoco verlassen in der Gemarkung einer blühenden englischen Plantage. Purton hieß dieses Gut, benannt nach einer Ortschaft im englischen Gloucestershire. Wer den Namen nannte, besaß die Macht.

An den Sandstränden der Flüsse Virginia-Tidewaters kann der heutige Spurensucher Glück haben und noch steinerne Pfeilspitzen finden – Zeugen einer großen Kultur von Steinzeitleuten, die vor dreihundertfünfzig Jahren die Macht über ihr Land verloren, über »ihre Bäume, in denen die Adler nisten, und ihre Dickichte, in denen die Hirsche liegen« (Smith, 1624). Gerodet wurden Bäume und Dickichte, um einträglichen Tabakpflanzungen Platz zu machen. Aber bis dahin war ein langer Weg.

»Direkt drangen wir in die Bay von Chesupioc ein, ohne Verzug oder Hinderung. Dort landeten wir an und entdeckten einen kleinen Weg … weite Wiesen und schöne hohe Bäume – mit solchen Süßwasserläufen durch die Wälder, daß ich fast überwältigt wurde bei ihrem ersten Anblick.« So schwärmte George Percy über den ersten Landgang nahe Cape Henry. Er fuhr fort: »Zur Nacht, als wir an Bord gingen, kamen die Eingeborenen von den Hügeln auf allen vieren wie Bären gekrochen mit ihren Bogen in ihren Mündern. Sie griffen uns in sehr hoffnungsloser Lage ins Angesicht an, verletzten Kapitän Gabriel Archer an beiden Händen und sehr gefährlich einen Segler an zwei Körperstellen. Nachdem sie ihre Pfeile verbraucht und die Schärfe (des Knalls) unseres Schusses gefühlt, zogen sie sich in die Wälder mit großem Lärm zurück.«

Während der Verband in der Chesapeake Bay vor Anker lag, wurde von Bord des Flaggschiffs eine Schaluppe zu Wasser gelassen: Captain Newport setzte Segel zu weiterer

Exkursion. George Percy kletterte mit ins Boot. Für die ersten Wochen der Kolonie schrieb er als einziger detailliert Tagebuch. Von einem Landgang zurück, notierte er: »Viel Rauch von Feuer ... aber den ganzen Marsch lang konnten wir weder einen Eingeborenen noch eine Siedlung sehen.« Freilich, »die Wilden waren dagewesen und hatten das Gras niedergebrannt; wie wir dachten, ... um Zeichen zu geben und ihre Kräfte zusammenzuziehen und uns eine Schlacht zu liefern«. Aber es kam anders. Am 30. April entdeckte die Schaluppen-Crew bei Point Comfort »fünf Wilde am Ufer laufen«. Captain Newport ließ die Schaluppe heranrudern. Die Londoner daheim hatten ausdrücklich instruiert, »nicht offensiv sich gegenüber den Einheimischen zu verhalten, wenn du es vermeiden kannst«. Hier war es zu vermeiden. Newport legte seine Hand aufs Herz – zum »Zeichen der Freundschaft« – und rief die fünf an. Sie »legten ihre Bogen und Pfeile nieder« und luden die Eindringlinge zu sich in die Siedlung Kecoughtan ein. »Wir wurden von ihnen sehr freundlich unterhalten«, mit einem Festmahl, Pfeiferauchen und Tanz. »Am 4. Tag im Mai kamen wir zu dem Häuptling ... der Paspahe, wo sie uns mit viel Willkommen unterhielten.« Auch von den Rappahannock, einem weiteren Stamm der Powhatan-Konföderation, wurde George Percy »in guter Humanität« empfangen.

Diese Erfahrungen decken sich mit dem, was frühere europäische Seefahrer – trotz eigener gelegentlicher Grobgesittetheit – erlebt hatten. Amadas und Barlowe, Kapitäne der Raleigh-Expedition von 1584, waren an der Küste des heutigen Georgia einem Häuptling begegnet, der lächelnd »Gesten der Freude und des Willkommens« gemacht hatte. Er »strich über seinen Kopf und seine Brust und dann über unsere«, um zu »zeigen, daß wir alle Brüder waren, alle aus demselben Fleisch gemacht ... Wir haben nie in der Welt bisher ein freundlicheres und liebevolleres Volk getroffen ... Uns wurde alles gegeben, was sie aufbringen konn-

24

ten« (Barlowe). Schon der Italiener Verrazano hatte 1524 bei seiner französischen Erkundungsfahrt entlang der heutigen Südstaaten-Küste »diverse Zeichen der Freundschaft« von den »sehr höflichen und freundlichen« Einheimischen erfahren. Auch weiter nördlich kamen mit bunten Federn Bekleidete »sehr fröhlich auf uns zu, stießen laute Rufe der Bewunderung aus und zeigten uns, wo wir am sichersten mit unserem Boot anlandeten«. Allein die Abnaki ganz im Norden – in Maine – streckten den Europäern unter schallendem Gelächter die blanken Hintern entgegen, weshalb Verrazanos Bruder sie indigniert auf seiner Karte als »Mala Gente« verzeichnete.

*Das Mündungsgebiet des James River. Ausschnitt aus dem Kupferstich von
William Hole (siehe Vorsatzkarte).*

2

Truthahnnester und viele Eier

Die Gründung der Kolonie Jamestown

Würde die Freundlichkeit dauern, wenn europäische Siedlungspflöcke in indianischen Boden gerammt wurden? Newport segelte mit seiner Schaluppe nordwestwärts den James River hinauf, einerseits um nach einem günstigen Siedlungsplatz auszuschauen, andererseits um eine Passage zur Südsee (!) zu entdecken. Wer weiter flußaufwärts den Finger ins Wasser steckte und daran leckte, schmeckte immer noch Salz: ein gutes Zeichen! Sollte sich hier die ersehnte Abkürzungspassage nach Ostindien auftun? In der Tat hatte die Londoner Handelsgesellschaft unserer Crew auch dieses hehre Entdeckungsziel gesteckt. Die Kartographen des 16. Jahrhunderts hatten sich Nordamerika als schmalen Land- bzw. Inselstreifen ausgemalt, hinter dem die Südsee und der reiche Orient mit seinen kostbaren Gewürzen lockten – das eigentliche Ziel der meisten frühen Amerikafahrer. Mit seinem Salzwasser im Unterlauf nährte der James River die Hoffnung, kein Fluß, sondern schiffbare Meeresstraße zu sein.

Südsee hin oder her – George Percy fand an diesem Fluß und seinem Land Entzücken: Er hat »viele Abzweigungen, die durch die Wälder fließen mit einer großen Menge Fisch aller Art. Alle Flächen sind besetzt mit vielen süßen und delikaten Blumen verschiedener Farben und Sorten, als wäre es in irgendeinem Garten in England.« Es gab »Himbeeren und Maulbeeren, Früchte, die uns unbekannt, Erdbeeren viermal dicker und besser als die unsrigen in England, Truthahnnester und viele Eier – dieses Paradies«.

27

Als Siedlungsplatz erkor Newport eine Halbinsel rund 70 Kilometer stromaufwärts, weit genug, um vor spanischen Überraschungsangriffen sicher zu sein. Gut zu verteidigen war diese fast rechteckige Peninsula, die durch eine heute verschwundene Sandbrücke mit dem Nordufer des James verbunden war. Tiefgehende Schiffe ließen sich dicht an das Eiland heranfahren und an überhängenden Zypressenzweigen vertäuen – ideale Voraussetzungen. Auf ihren über vier Quadratkilometern versprach die Halbinsel zudem, Ackerflächen Platz zu bieten. Daß an verschiedenen Stellen Sumpf Gefahren barg, wurde erst später klar. Zunächst gab es Grund genug, die drei wartenden Hochseesegler flußaufwärts zu beordern.

Die dicht bewaldete Peninsula schien den Engländern besitzerlos. Aber sie irrten. Eine indianische Siedlung mit umgebenden Feldern war hier mehrere Jahre zuvor verlassen worden und inzwischen überwachsen, wie archäologische Nachforschungen ergaben. Um dem Boden Erholung zu gönnen, zogen die Einheimischen mit ihren Dörfern und Anbauflächen bisweilen um, ohne deshalb ihr Besitzrecht aufzugeben. Jeder Stamm kannte seine eigenen »Grenzen, innerhalb derer zu fischen … oder zu jagen« ihm verstattet war (Strachey, 1612); jeder markierte sein Areal mit heiligen Marken. Heimlich beobachteten die Besitzer, was hier vor sich ging. »In der ersten Nacht nach unserer Landung, ungefähr um Mitternacht, kamen per Boot einige Wilde nah an unser Lager heran. Sofort wurde Alarm gegeben. Daraufhin rannten die Wilden weg, und wir wurden nicht mehr von ihnen des Nachts behelligt.« (Percy)

Ab dem 14. Mai wurde von Bord der drei Segelschiffe entladen. Die Passagiere sogen den Duft der Kiefern ein. Etwas mehr als die Hälfte der rund hundert Männer, die an Land kletterten, waren »Gentlemen«. Als Mitglieder des Gentry-Standes, als »bessere Sorte«, waren sie nicht gewöhnt, sich die Hände schmutzig zu machen. Hier blieb

Der kleine Schiffsverband, dessen Besatzung 1607 Jamestown gründete. In der Mitte die »Susan Constant«, links die »Godspeed«, rechts die »Discovery«. Gemälde von Griffith Baily Coale im Virginia State Capitol.

ihnen keine Wahl. »Nun ging jeder an die Arbeit«, notierte einer von ihnen. Zu den Männern der anderen Hälfte zählten vier Zimmerleute, drei Maurer, ein Schmied, ein Schneider, ein Barbier, zwei Wundärzte, ein »Segler«, ein Trommler, ein Dutzend »Arbeiter«, vier »Jungen« und »diverse andere«. Die Virginia Company hatte ein siebenköpfiges Leitungsgremium ernannt, das Council, für das auch John Smith als Nicht-Gentleman nominiert war. Smith stammte aus dem Stand der Freibauern (»Yeomen«). Dem Vorsteher des Councils, Master Edward Wingfield, war der oft eigenwillige Smith ein Dorn im Auge.

Das Council plante; die anderen rodeten Plätze für die Zelte, knüpften Netze oder legten kleine Felder an. Da schon Mai war, mußten die mitgebrachten Getreidesamen in die Erde gedrillt werden. Auf Betreiben Wingfields – und zum Mißfallen Smith' – wurde das am Wasser gelegene

Lager zunächst nur mit einem halbkreisförmigen Zaun aus Ästen gesichert. Wingfields Devise lautete, »die Einheimischen nicht zu reizen«, wie die Londoner Handelsgesellschaft instruiert hatte. Jamestown wurde die Kolonie getauft, nach dem regierenden König Jacob (James) I.

Bis 1620 war Jamestown der einzige Ort der Neuen Welt, an dem Englands Anker dauerhaft hielten. Ein zeitgleich mit der Jamestown-Unternehmung gestarteter Kolonisationsversuch der Plymouth Company im Norden – in Maine – war schon nach einem einzigen Eiswinter aufgegeben worden. Die berühmte »Mayflower« segelte erst 1620 mit ihren Pilgervätern an Bord vom englischen Plymouth an die nördlicheren Gestade Neuenglands. Zu diesem Zeitpunkt war Pocahontas, die Indianer-Prinzessin, schon längst in England in die Gesellschaft eingeführt worden und dort im März 1617 zweiundzwanzigjährig gestorben, ein Jahr vor ihrem Vater Powhatan.

Daß die »Mayflower« von 1620 uns heute soviel bekannter ist als die »Susan Constant« von 1607, liegt unter anderem daran, daß die Nordstaaten den Bürgerkrieg (1861–1864) gewannen: Fortan wurde nordamerikanische Geschichte in Boston geschrieben; die Historiographie der Sieger spielte die stolzen Traditionen des Südens, zu dem Virginia mit seinem Jamestown und seiner Indianer-Prinzessin gehörte, in ihrer Bedeutung herunter. Gleichwohl, ohne den Kolonisationserfolg in Jamestown, der ersten erfolgreichen Kolonie Englands auf dem Erdball, wäre die weitere englische Expansion auf dem nordamerikanischen Kontinent vermutlich nie möglich gewesen. Spanien mit seinem Florida im Süden und Frankreich mit seinem Nova Francia im kanadischen Norden hätten den Halbkontinent unter sich aufgeteilt. Ein englisches Virginia in der Mitte – mit einer englisch kolonisierten Chesapeake Bay und dem nördlicheren Neuengland der Pilgerväter – wäre nicht ent-

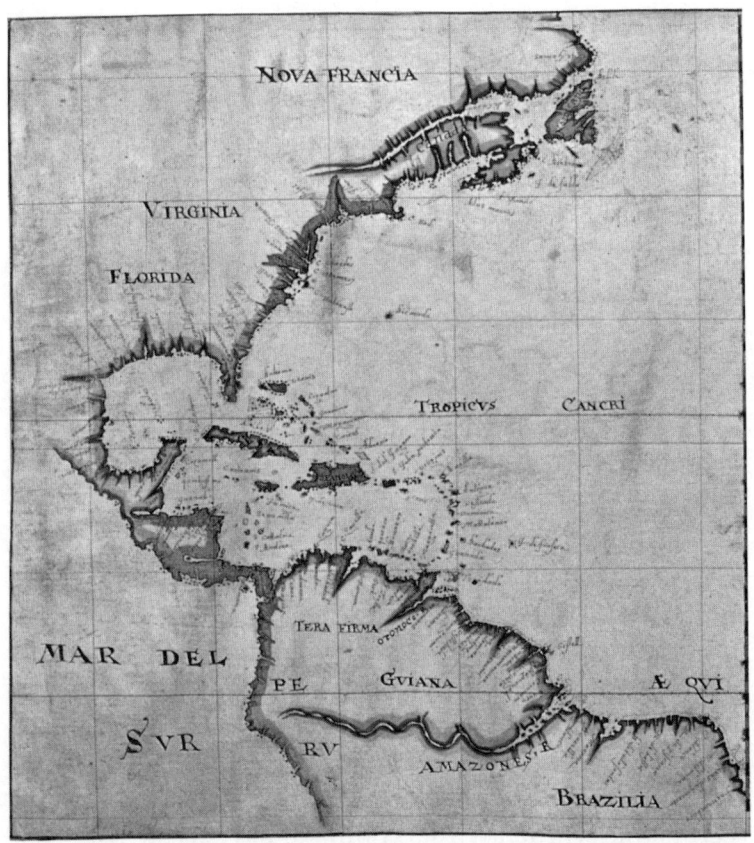

*Eine von der Virginia Company um 1608 herausgegebene Karte (Ausschnitt) mit
dem spanischen Florida im Süden, dem französichen Nova Francia im Norden und
dem englischen Virginia in der Mitte.*

standen. Der englische Kolonisationserfolg in Jamestown
seinerseits wurde mit befördert durch diese eine: die Indianer-Prinzessin Pocahontas, die Lieblingstochter des mächtigen Powhatan. Daß die Vereinigten Staaten heute Englisch als Hauptsprache pflegen, verdanken sie wenigstens zu
einem kleinen Teil dieser jungen dunkeläugigen Frau, die
dazu beitrug, daß die Jamestown-Pioniere überlebten und
ihre Gründung zu prosperieren begann.

3

Zu leben mit ihm an seinem Fluß

Rettete Pocahontas John Smith?

Die Anker hielten. Aber um welche Preise und in welchen Strudeln europäischer Ungeschicklichkeiten? Am 14. Mai war die Besatzung der drei Atlantik-Segler an Land gegangen. Schon in der ersten Woche tauchten die eigentlichen Besitzer der Halbinsel auf: hundert mit Bogen bewaffnete Paspaheghs. Sie schleppten »einen fetten Hirsch als Geschenk« heran und versicherten, den Eindringlingen Land abgeben zu wollen. Jedenfalls verstand George Percy es so, freilich ohne daß er und seine Engländer diesen gastfreundlichen Akt zu schätzen gewußt hätten. Als einer der Steinzeitkrieger neugierig nach einer Metallaxt griff, witterten die Europäer Diebstahl, zogen ihre Klingen oder luden durch, so daß der Paspahegh-Häuptling »plötzlich mit all seiner Begleitung in großem Ärger verschwand« (Percy). Sie würden wiederkommen, das nächste Mal ohne Hirsch. Unverständlich blieb ihnen die Reaktion dieser Rauschebärte von jenseits des Meeres. Die Idee eines exklusiven Privatbesitzes war den Einheimischen fremd. Zur Ehre gereichte, persönliche Habe mit weniger Begüterten zu teilen. Freigebigkeit lautete ein hohes Gebot. Was bedeutete eine Axt neben einem Landstück auf einer Halbinsel?

Am 21. Mai segelte die Schaluppe mit Kapitän Newport und dreiundzwanzig Männern an Bord zu einer zweiten Explorationsfahrt den James River hinauf. Ein Siedlungsplatz war gefunden. Aber die Nordwest-Passage zum Pazifik? Und die Edelmetalle, die die Erzkonkurrenten von der Iberischen Halbinsel in Mexico und Peru entdeckt hatten?

Die erste Enttäuschung ließ nicht auf sich warten. Bereits nach gut 160 Kilometern, auf der Höhe des heutigen Richmond, der Hauptstadt Virginias, beendeten Stromschnellen die Schiffbarkeit. Zumindest hier öffnete sich keine Südsee-Passage für hochseegehende Schiffe! Auch Hinweise auf Bodenschätze wurden nicht entdeckt. Dafür empfingen die Flußanrainer die Schaluppen-Besatzung mit Gastfreundschaft, sobald das Territorium der vergraulten Paspahegh verlassen war. Sie »bewirteten uns mit viel Höflichkeit an jedem Ort« (Gabriel Archer, 1607). »Sie tanzten und gaben uns Feste« (John Smith). Als Kapitän Newport Glocken, Nadeln, Glasperlen und anderen Krimskrams verschenkte, »bewirkte seine Freigebigkeit, daß sie uns von Ort zu Ort« in ihren Kanus folgten. »Die Leute standen auf beiden Flußufern überall in Grüppchen und ... boten uns Vorräte an«: runde Maiskuchen, »einen gerösteten Hirsch«, »Körbe voller getrockneter Austern«. Schilfgrasmatten wurden an Land für die Gäste ausgebreitet. Freundliche Lotsen enterten die Schaluppe.

An den Stromschnellen beglückten die Engländer ihrerseits den lokalen Chief Tanx-Powhatan mit üppigen Geschenken, weil sie ihn irrtümlich für den großen Powhatan selbst hielten. Tatsächlich aber war er nur dessen Sohn. Tanx-Powhatan hielt Newport davon ab, sich zu Fuß jenseits der Stromschnellen weiter umzusehen. Dort begann das Territorium des Monacan-Stammes, der nicht mehr zur Powhatan-Konföderation gehörte und auch nicht Algonkin sprach. Tanx-Powhatan verhinderte erfolgreich, daß die Europäer mit den Powhatan-Gegnern jenseits der Grenze freundlichen Kontakt aufnahmen.

Freilich, selbst bei dem wohlgesonnenen Tanx-Powhatan trübte sich die Stimmung durch europäisches Ungeschick. Die Crew der Schaluppe hatte den Chief mit »scharfen Getränken«, mit »Bier, Aquavit und Weißwein« versorgt, die dem Unerprobten einen scheußlichen Kater bescherten. Auch nötigte sie den Häuptling, unter seinen Leuten zwei verschwundene Kugeltaschen und ein Metallmesser wieder aufzutreiben und an die Engländer zurückzugeben. Zu allem Überfluß ließ ein Rauschebart seine Muskete loskrachen, so daß ein indianischer Lotse vor Schreck »über Bord sprang«. Newport sah sich gezwungen, Tanx-Powhatan zu erklären, daß »wir diesen Donner niemals gegen andere als unsere Feinde benutzen«.

Während die Arrohatocs, die Pamunkeys und die Leute Tanx-Powhatans sich gastfreundlich öffneten, zeigten sich die Weanocs und der Häuptling der Appomatocs reserviert. George Percy hörte, wie der Appomatocs-Chief, »mit seinem Pfeil auf seinem Bogen im Anschlag«, erklärte, er »wünschte, wir wären weg«. Die Engländer wurden nicht schlau aus diesen »Wilden, die wir weder kannten noch verstanden« (John Smith). Die Schwester des Appomatocs-Chiefs, »eine dicke, fröhliche, männliche Frau« mit »viel Kupfer um den Hals und einem Kupferkrönchen auf dem Kopf« hieß die Europäer – im Gegensatz zu ihrem Bruder – mit Tabak und Kuchen willkommen. Und was führten die zu Recht beleidigten Paspaheghs im Schilde? Die Antwort wartete auf die Schaluppen-Crew bei ihrer Rückkehr ins Lager von Jamestown am 27. Mai. Am Vortage war das Fort von zweihundert Paspaheghs überfallen worden. Zwei Tote und zehn Verletzte wurden im Lager beklagt. Dem Vorsitzenden des Councils, Wingfield, war ein Pfeil durch den Bart gezischt und hatte nur um Haaresbreite die Gurgel verfehlt.

Wingfield schluckte seine anfänglichen Bedenken herunter: In den nächsten vier Wochen wurde das europäische Lager ordentlich befestigt. Was nach und nach durch Gentleman-, Handwerker- und Arbeiterhand entstand, war ein dreieckiges Palisadenfort mit einer Fläche von etwa 4000 qm. Kanonen sicherten das Bollwerk. Die »Wilden« blieben so außer Schußweite, setzten aber ihren Guerillakampf,

Jamestown im Jahre 1609 (Rekonstruktion). Das größte Haus im Zentrum diente als Kirche und Versammlungsraum. Rechts vom Brunnen das Lagerhaus. Die Häuschen trugen Reetdächer. Kanonen sicherten an den Ecken. Außerhalb der Palisaden waren Felder angelegt.

an den die europäischen Haudegen nicht gewöhnt waren, aus dem Hinterhalt fort. Eines Morgens schossen sie aus der Deckung des hohen Schilfgrases sogar »einen Mann von uns« an, »der hinausging, um seine natürliche Notdurft zu verrichten«, entrüstete sich Captain Archer entnervt. Daß nicht noch Katastrophaleres geschah, war Vermittlungsversuchen der freundlich gesonnenen Arrohatoc zu verdanken. Einer von ihnen riet im übrigen, das lange Gras ums Fort zu schneiden. Die europäischen Strategen, an offene Feldschlachten gewöhnt, waren selber nicht auf diese Idee gekommen.

Nicht nur die Paspaheghs gefährdeten die junge Kolonie. Schlimmer noch waren die gesundheitlichen Bedingungen. Die Engländer litten unter der für sie ungewohnten feuchten Sommerhitze Virginias. Das Wasser, das sie tranken, war brackig, weil die Tiede des Ozeans bis weit in den James River hinaufreichte. Krankmachende Moskitoschwärme aus den Sümpfen zerstachen die Glieder. Die Lebensmittelvorräte gammelten und wurden knapp, da Kapitän Newport mit zwei Schiffen im Juni nach England zurückgekehrt war, um Nachschub zu holen: Der Schiffszwieback dieser beiden Segler war eine willkommene Zusatznahrung gewesen, die jetzt fehlte. Nicht alle verstanden sich aufs Fisch- und Krebsefangen. Durchfall, Malaria und andere Infektionen breiteten sich aus. Streitigkeiten untereinander zermürbten. »Unsere Männer wurden durch grausame Krankheiten dahingerafft wie Schwellungen, Krämpfe, brennendes Fieber ... Einige verschieden plötzlich, aber meistens starben sie aus bloßem Hunger ... Niemals wurden Engländer in einem fremden Land in solchem Elend zurückgelassen wie wir in diesem neuentdeckten Virginia« (Percy). Percys Totenliste begann im August. Die Beerdigungen fanden heimlich statt. Auch hier hatte die Handelsgesellschaft mit Instruktionen vorgesorgt: »Macht den Tod von irgendeinem eurer Männer nicht öffentlich, daß die Bewohner des Landes es merken könnten.«

Im November stand die Kolonie kurz vor dem Aus. Mehr als die Hälfte der Kolonisten war vom Tode dahingerafft, der Lebensmittelvorrat nahezu erschöpft, der nur zum Laichen die Flüsse hinaufsteigende Stör verschwunden. Die Disziplin im Fort verkam. Die das Sagen hatten, brüllten sich an. Wingfield hatte schon lange seine Autorität eingebüßt. Bereits im September war er als Council-Vorsitzender durch Captain Ratcliffe ersetzt worden, ohne daß sich etwas zum Besseren gekehrt hätte.

Hilfe kam von außen, von freundlichen Einheimischen, die zum letzten Mal in diesem Jahr geerntet hatten und ein im Sommer gegebenes Versprechen wahrmachten: »Sie brachten eine ... Fülle ihrer Früchte.« (John Smith)

Fischen mit Speer und Netz. Meister des Feuers, unterhalten die Fischer sogar im Kanu ein solches.

The broyling of their fish ouer the flame of fier. 11 B

Fischgrill

Festtanz um einen Pfähle-Kreis. Die Pfahlköpfe tragen Menschengesichter.

Mann und Frau beim Mahl

Fischgrill mit Fischern

Bäumefällen mittels eines Feuers (oben rechts). Kanubau durch Brennen und Auskratzen. Fächer dienen zum Anfachen.

Der Überfluß der Ernte währte eine Weile. Am unteren James River konnte Mais im Tauschhandel erstanden werden. Doch auch die Lagerbestände der freigiebigen Einheimischen waren nicht unerschöpflich. Der Handelsradius mußte erweitert werden. Zuständig für diese Aufgabe war John Smith, der Ende August zum Vorratswart aufgestiegen war, nachdem er am 10. Juni seinen Sitz im Council hatte einnehmen können; vom Vorwurf, während der Atlantiküberfahrt eine Meuterei geplant zu haben, war er freigesprochen worden. Während den anderen Ratsmitgliedern immer weniger Respekt gezollt wurde, hatte John Smith zunehmend an Ansehen und Einfluß gewonnen. Er verstand sich auf den Handel mit den Einheimischen. Auch beherrschte er zumindest einige Brocken des Algonkin.

John Smith entschloß sich, den Chickahominy River zu erkunden, der ein paar Meilen flußaufwärts in den James mündet. War schon der James River nicht schiffbar bis zur Südsee, vielleicht dann der Chickahominy. Vielleicht führte er auch zu einem Berg, der Goldminen enthielt oder den Blick auf die Südsee freigab. Vielleicht erschloß er aber auch neue Handelspartner! Da der großmächtige Powhatan keine Anstalten machte, sich nach Jamestown zu begeben, hielt Smith es zudem für nötig, seinerseits dem Chief der Chiefs seine Aufwartung zu machen. Über ein halbes Jahr war verstrichen, ohne daß Powhatan und die Jamestown-Leute sich persönlich gegenübergetreten wären. Nur aufmerksam gehört hatten sie voneinander.

Freilich, bis nach Werowocómoco, dem Sitz Powhatans, kam Smith auf seiner Novemberreise nicht. Die freundlichen Anwohner des Chickahominy waren von Smith' Metallbeilen, Glocken und Kupferstücken so angetan, daß sie ihm seine beiden Boote mit Fisch, Wildbret, Mais und Gebackenem vollpackten und er zunächst nach Jamestown zurückkehren mußte.

Vordergrund: Captain John Smith kämpft mit den Pamunkeys. Smith feuert und benutzt seinen indianischen Führer als Schutzschild. Hintergrund: Nachdem Smith in den Sumpf gefallen ist, können die Pamunkeys ihn gefangennehmen.

Mit einem flachen Kahn und neun Männern brach Smith am 10. Dezember 1607 erneut auf. Der Chickahominy verengte sich bald, schließlich überwölbten Zweige und Blätter seinen Lauf. Das Boot wurde bei der letzten Siedlung des Flusses mit sieben Männern zurückgelassen. Smith stieg mit den übrigen beiden und zwei Führern des Chickahominy-Stammes in ein geliehenes Kanu um. Bald verzichtete er auch auf dieses und schlug sich, jetzt nur noch von einem der Führer begleitet, allein durch die Wildnis weiter, bis Schreie ihm Einhalt geboten: Die zurückgebliebene weiße Kanubesatzung war von Pamunkey-Indianern überfallen worden. Ein Mann lag durchschossen unweit des Einbaums, der andere blieb für immer verschollen. Auch einer der sieben Leute des Kahns war an Land massakriert worden, während die anderen sechs nach Jamestown entkamen. Smith, der einen Verrat der beiden Führer witterte, band sich den einen als Schutzschild an den linken Arm und versuchte, sich der Übermacht der Pamunkey-Jagdgesellschaft zu erwehren. Zwei Pamunkeys wurden tödlich von seiner Pistole getroffen, dennoch wich er Schritt für Schritt zurück, bis er – die Augen nach vorne gerichtet – in einen sumpfigen Wasserlauf trat und mitsamt seiner Geisel versackte. Die Pamunkeys zogen ihn heraus und nahmen ihn gefangen, um ihn ihrem Häuptling Opechancanough vorzuführen. Dieser, ein jüngerer Halbbruder Powhatans, sollte fünfzehn Jahre später (1622) unter den Kolonisten noch jähen Schrecken verbreiten.

Während Pfeilspitzen auf ihn gerichtet waren, blieb Smith kaltblütig und redete ununterbrochen auf seine Bezwinger ein; wie gut er fabulieren konnte, zeigen noch heute seine Bücher. Er zog seinen Kompaß aus der Tasche, dessen Nadel sich auch bei Drehung in derselben Richtung hielt. Als die Einheimischen nach der Nadel greifen wollten, staunten sie über das durchsichtige Glas, das solches verhinderte. Smith gestikulierte und redete und redete – natürlich verstanden sie nichts oder nur wenig. Entweder war dieser Rotbart mit Schießknüppel verrückt oder ein Geist sprach aus ihm. Er war es auf jeden Fall wert, vorläufig am Leben gehalten und als Kuriosität in den Dörfern ausgestellt zu werden. (Den fünf 1605 gekidnappten Indianern eines Stammes nördlich der Powhatan-Konföderation war es in England nur unwesentlich anders ergangen.)

Nach üppiger Bewirtung im Jagdlager machte sich Opechancanough mit Smith auf eine Rundreise durch mehrere Stämme der Konföderation. Sie gelangten bis zum Potomac River im Norden. Auch die anderen sollten sich eine Meinung über dieses europäische Exemplar bilden. In der ersten Januarwoche des Jahres 1608 bestellte sich schließlich Powhatan die Geisel nach Werowocómoco. Es mußte entschieden werden, wie mit den Eindringlingen in Zukunft zu verfahren wäre.

War dies Smith' letzter Gang, als er zu Powhatan geführt wurde? Wie gut standen seine Chancen? Nicht allzu schlecht. Als die Engländer am verwundbarsten gewesen waren, ihr Fort noch unvollendet, hatte Powhatans Konföderation stillgehalten. Gegen einen Generalangriff von mehreren tausend Powhatan-Kriegern hätten damals auch die »Donnerstöcke« der rund hundert Eindringlinge nichts ausgerichtet. Warum hatte Powhatan gezögert? War es Fatalismus, das prophetische Geraune, das sein Ohr erreichte? Oder war es das Bewußtsein der Stärke, das ihn abhielt, auf das Eindringen von hundert Fremdlingen übertrieben zu reagieren? Sollte sich das Unheil der Prophetie durch friedliche Integration der bärtigen Wilden aus dem Osten abwenden lassen?

Daß vor allem letztere Frage Powhatan leitete, wird sich an mehreren Punkten zeigen. Viel spricht auch für wirtschaftliches und politisches Kalkül. Wenn es Smith gelang, dem Chief der Chiefs plausibel zu machen, daß er und seine Mannen nicht zur Landnahme, sondern zum friedlichen Handel über das große Wasser gekommen waren, konnte er auf eine freundliche Miene dieses Königs hoffen. Für seltene Metalle wie Kupfer, für glänzende Harnische, Helme, Waffen und bäumefällende Metalläxte interessierten sich die Indianer durchaus. Ließ sich doch so ein Vorsprung gegenüber den traditionellen Feinden an den Grenzen erzielen; vielleicht konnte Powhatan die Engländer sogar als Verbündete gegen die benachbarten Monacan und Irokesen gewinnen. Aber nicht alle Häuptlinge der Konföderation dachten in Richtung Kooperation: nicht der Appomatocs-Chief, nicht die Paspaheghs zum Beispiel. Auf der anderen Seite waren gerade Mitglieder von Powhatans Familie kooperationswillig gestimmt, wie Percy berichtet: Powhatans eigene Stammesgenossen hatten zwar »gemurrt angesichts unseres Pflanzens«, das ja längerfristigeres Verweilen bedeutete. Doch sein Sohn Tanx-Powhatan hatte beschwichtigt: »Warum solltet ihr euch über sie ärgern, solange sie euch nicht weh tun und nichts gewaltsam wegnehmen. Sie nehmen nur ein bißchen Brachland.« Auch der Kecoughtan-Stamm, der von Powhatans Sohn Pochins geführt wurde, hatte die Neuankömmlinge im Frühjahr freundlich bewirtet.

Wie würde Powhatan mit Smith, diesem Unterpfand in seiner Faust, verfahren? Smith wurde in das Langhaus des Häuptlings geführt. Powhatan beeindruckte jeden, der ihm persönlich gegenübertrat. Einhellig erstaunt zeigten sich alle zeitgenössischen europäischen Chronisten darüber, wie ein halbnackter Mann »ohne größeren äußeren Schmuck... eine solche Majestät« ausstrahlen konnte, eine Majestät, »die oft Furcht und reichliches Verwundern bei unseren Leuten hervorruft«. (Strachey, 1612)

Er ist ein angenehm attraktiver alter Mann, noch nicht in sich zusammenfallend, obwohl mit vielen kalten und stürmischen Wintern gut geschlagen... Er soll ein wenig unter 80 Jahre alt sein [Smith schätzte ihn auf etwa 60]... von großer Statur und wohlgeformten Gliedern, mit melancholischem Ausdruck, einem runden fetten Gesicht und grauen Haaren, die glatt und dünn auf seine breiten Schultern herabhängen, und mit einigen wenigen Haaren auf seinem Kinn und ebenso auf seiner Oberlippe. Er war und ist stark und geschickt..., muskulös, aktiv und von wagemutigem Geist, wachsam, ehrgeizig... Grausam war er und kämpferisch, einerseits gegenüber seinen eigenen Häuptlingen sogar bei Kleinigkeiten, um sie in Schrecken und Furcht vor seiner Macht zu halten..., andererseits gegenüber seinen Nachbarn in seinen jüngeren Tagen. Jetzt freilich genießt er Sicherheit und Vergnügen und steht so auf angemessenen Grundlagen des Friedens mit den ... Nachbarhäuptlingen.

Worin bestand das »Vergnügen«? »Gewöhnlich bediente um seine Person herum eine Garde von 40 oder 50 der größten Männer seines Landes.« Im Kernland seiner sechs ererbten Stämme »hat er Häuser anlegen lassen ... und bei jedem Haus Vorrat zu seiner Bewirtung« und Unterhaltung. Zu dieser gehörten zahlreiche Frauen. Rund ein Dutzend von ihnen erfreuten sich des Ranges von Lieblingsfrauen:

Meistens sehr junge Frauen; sie ziehen gewöhnlich mit ihm von Haus zu Haus in seiner Jagdzeit... Wenn er auf seiner Bettstatt liegt, sitzt eine an seinem Kopf, eine andere zu seinen Füßen. Aber wenn er beim Essen sitzt oder sich Fremden präsentiert, nimmt eine zu seiner Rechten und eine andere zu seiner Linken Platz... Wenn er speist, bringt ihm eine seiner Frauen vor und nach dem Mahl in einer Holzschale Wasser zum Waschen seiner Hände. Eine andere wartet mit einem Haufen Federn, [seine Hände] zu trocknen – statt eines Handtuchs. (Strachey, 1610)

Was sich zwischen Powhatan und Smith zutrug, erfahren wir von diesem selber. Smith' Bericht wurde noch im selben Jahr (1608) in London gedruckt:

Als ich [in Werowocómoco] ankam, lag ihr Kaiser stolz auf einer ein Fuß hohen Bettstelle auf zehn oder zwölf Matten. Er war um seinen Hals mit vielen Ketten großer Perlen reich behängt und mit einer großen Decke aus Waschbärfellen bedeckt. Am Kopf saß eine Frau, an seinen Füßen eine andere. Auf jeder Seite [des Langhauses] waren seine Haupt-Männer aufgereiht. Sie saßen auf einer Matte am Boden auf jeder Seite des Feuers, zehn in einer Reihe. Und hinter ihnen genauso viele junge Frauen, jede mit einer großen Kette weißer Perlen über ihren Schultern; ihre Köpfe rotbemalt. Und [Powhatan] mit solch einer gravitätischen und majestätischen Haltung, ... ich war verwundert, solchen Staat in einem nackten Wilden zu sehen.
Er hieß mich freundlich mit guten Worten und großartigen Platten verschiedener Gerichte willkommen und

versicherte mich seiner Freundschaft und meiner Freilassung innerhalb von vier Tagen... Er fragte mich nach dem Grund unseres Kommens.

Ich erzählte ihm, daß wir im Kampf mit den Spaniern, unserem Feind, ... von extremem Wetter an diese Küste versetzt worden seien. Wo wir landeten..., schossen die Leute auf uns, aber in Kequoughtan empfingen sie uns freundlich. Mit Zeichen fragten wir nach Süßwasser. Sie beschrieben uns, daß flußaufwärts alles Süßwasser sei...

Er fragte, warum wir weiter mit unserem Boot [bis zu den Stromschnellen des James River und bis zum Oberlauf des Chickahominy] vorgedrungen waren.

Ich erzählte ihm [von der salzigen Südsee auf der anderen Seite des Landes. Auch sei ein englischer Untertan] getötet worden, welches Monacan, sein Feind, getan habe, wie wir annahmen. Dessen Tod planten wir zu rächen. [Smith spielt auf die verschwundenen Roanoke-Siedler an und nutzt geschickt die Rivalität zwischen der Powhatan-Konföderation und dem gegnerischen Monacan-Stamm jenseits der Stromschnellen aus.]

Nach reiflicher Überlegung begann er, mir die Länder jenseits der Stromschnellen zu beschreiben...

Ich revanchierte mich..., indem ich ihm die Länder Europas beschrieb, die unter unserem großen König standen, unter dem ich stand; die unzählbare Menge seiner Schiffe. Ich machte ihm den Laut von Trompeten vor, illustrierte ihm die schreckliche Art des Kämpfens, die unter Kapitän Newport, meinem Vater, galt-...[Newport] betitelte ich ›Meworames‹; so nennen sie den König aller Gewässer.

Angesichts dessen Größe bewunderte er – und hatte kein bißchen Angst. Er sprach den Wunsch aus, daß ich [d. h. die Engländer] Paspahegh [Jamestown] verließ und mit ihm an seinem Fluß lebte, in einer Region namens

Capa Howasicke. Er versprach, mir Mais zu geben, Wildbret oder was ich wollte, um uns zu ernähren. Äxte und Kupfer sollten wir ihm fertigen, und niemand würde uns behelligen ...

So schickte er mich mit vier Männern nach Hause, nachdem er versucht hatte, mit aller Freundlichkeit, die er sich ausdenken konnte, mich zufriedenzustellen. Einer [der vier] trug gewöhnlich mein Gewehr und meinen Ranzen hinter mir her, zwei andere waren mit Brot beladen, und einer begleitete mich.

Aus der Rede Powhatans, an deren historischem Kern zu zweifeln kein Anlaß besteht, wird deutlich, was der Chief der Chiefs im Sinn hatte: Sein Ziel war, die weißen Eindringlinge aus ihrem Eigenleben in Jamestown herauszulösen und in sein eigenes Stammesleben zu integrieren, wenn sie denn schon nicht abzogen. Friedlich absorbiert sollten sie werden und schließlich in seiner eigenen Kultur aufgehen, nachdem sie ihm einen technologischen Fortschritt – Metalläxte und Kupferbearbeitung durch Schmelzen – beschert hätten. Möglicherweise glaubte Powhatan, durch solch friedliches Einverleiben, vielleicht auch durch Verheiratung dieser unbeweibten Männer, das Fatum der alten Prophetie abwenden zu können.

Smith vermochte Powhatan davon zu überzeugen, daß die Eindringlinge nicht Landnahme, sondern Landerforschung und Tauschhandel im Sinn hätten. Eine großflächige Landnahme beabsichtigten sie zum damaligen Zeitpunkt tatsächlich nicht. Die heimatliche Handelsgesellschaft, in deren Auftrag sie hier waren, suchte zunächst nur nach einer Goldmine und einer Passage zur Südsee.

Smith läßt seine Leser freilich auch spüren, daß er es mit der Wahrheit nicht immer so genau nimmt, wenn es opportun erscheint. Seinen Captain Newport als indianischen »König der Meere« auszugeben, erzielte bei Powhatan Wir-

Der gefangene John Smith (vorne) in Werowocómoco. Links oben ein
Medizinmann, rechts oben ein Priester. Links Hirschgeweih als Kopfschmuck.

kung – freilich eine andere als die intendierte. Der Chief der
Chiefs zeigte sich zwar bewundernd, bekam aber »kein
bißchen Angst«.

An diesem Punkt wäre die Geschichte von Smith' Besuch in
Werowocómoco eigentlich zu Ende. Sie deckt sich mit
dem, was auch der ehemalige Council-Vorsitzende Wingfield schrieb: »Am 10. Dezember reiste Master Smyth den
Fluß der Chechohomynies hinauf«; er wurde gefangengenommen und reiste mit Opechancanough umher. Zum

49

Schluß brachte dieser seine Geisel »zu dem großen Powatan, den wir vorher nicht kennengelernt hatten. Der schickte ihn am 8. Januar nach Hause zu unserer Siedlung.«

Im Jahre 1624 freilich veröffentlichte John Smith seine *Generall Historie*, in der er die Ereignisse von Werowocómoco um eine erstaunliche Variante bereicherte. In dieser Neuauflage hielt er es möglicherweise mit der Wahrheit ebenfalls nicht so genau. Er trug mehr folkloristisches Kolorit auf und webte eine rührende Mädchengeschichte ein, in der die Prinzessin Pocahontas die Hauptrolle spielt: Sie rettet John Smith das Leben. So etwas verkaufte sich 1624 besser, denn Pocahontas war durch ihre Europareise von 1616/17 in England berühmt geworden.

Zum Zeitpunkt des Erscheinens der *Generall Historie* war die prominente Prinzessin seit sieben Jahren tot und konnte nicht mehr widersprechen, falls die Geschichte nicht stimmte. Auch ihr englischer Ehemann hatte das Zeitliche gesegnet, und ihr Vater weilte bereits seit sechs Jahren in den ewigen Jagdgründen. Ihr Sohn, 1624 knapp zehn Jahre alt, war bei ihrem Tod zu klein gewesen, um Geschichten der Mutter behalten haben zu können. Smith war im übrigen der einzige Weiße gewesen, der in den ersten Januartagen 1608 Werowocómoco besucht hatte. Niemand unter den Jamestown-Pionieren, die 1624 in England noch lebten, vermochte ihm deshalb kompetent zu widersprechen, auch George Percy nicht, der 1625 in einer Publikation einige Punkte der *Generall Historie* zwar in Zweifel zog, aber die Pocahontas-Episode von Werowocómoco nicht erwähnte. Diese Veteranen mögen sich gewundert haben, daß sie bisher nichts von dieser Pocahontas-Story gehört hatten. Aber welche Gegenbeweise hätten sie 1624 anbieten können? Ganz unplausibel war die neue Geschichte über die berühmte Prinzessin nicht, die später in ihrem Leben den weißen Siedlern tatsächlich geholfen hatte. Kurz, Smith war im Jahre 1624 vor irgendwelchen Dementis Beteiligter sicher und konnte munter drauflosschreiben. Was dabei herauskam, liest sich so: Aus den vier Rückreise-Begleitern sind nun zwölf geworden. Bevor Smith nach Jamestown aufbricht, führt ihm Powhatan noch eine folkloristische Einlage vor:

Powhatan hatte sich in der furchteinflößendsten Weise, deren er fähig war, verkleidet und ließ Captain Smith heraus in den Wald zu einem großen Haus bringen und ihn sich dort auf einer Matte am Feuer allein lagern. Nicht lange danach wurde hinter einer Matte, die das Haus durchteilte, das traurigste Geräusch gemacht, daß er jemals gehört hatte. Dann kam Powhatan auf ihn zu, mehr wie ein Teufel denn als Mensch, mit etwa zweihundert anderen, die so schwarz wie er selber waren. Und er sagte..., daß sie nun Freunde seien, und daß [Smith] sofort nach Jamestown gehen sollte, um ihm zwei große Geschütze und einen Schleifstein zu schicken, wofür er ihm die Region von Capahowosick geben werde, und daß er für immer ihn als seinen Sohn Nantaquoud achten werde.

Angesichts des lärmigen schwarzen Mannes mußten die europäischen Leser des 17. Jahrhunderts vor ihren Kaminfeuern von wohligem Schauer ergriffen werden. Am Schluß durften sie dann noch herzlich lachen und sich so richtig über die Naivität der »Wilden« freuen: Zurück in Jamestown zeigte Smith dem

verläßlichen Diener Powhatans zwei demi-Culverings [Kleinkanonen] und einen Mühlstein, die zu Powhatan zu tragen waren. Sie fanden sie ein wenig zu schwer. Als sie ...[Smith] dann sahen, wie er... [die Geschütze], die mit Steinen geladen waren, in die Zweige eines großen mit Eiszapfen beladenen Baumes entlud, stürzten das Eis und die Zweige so herunter, daß die armen Wilden halbtot vor Angst wegrannten. Aber schließlich gewannen wir wieder etwas Tuchfühlung mit ihnen und gaben ihnen solche Kinkerlitzchen. Und wir schickten an Powhatan, seine Frauen und Kinder solcherart Geschenke, die sie im allgemeinen voll befriedigten.

Auch zu Beginn der Werowocómoco-Episode wird kräftig ausgeschmückt und die Spannung gesteigert. Bei Smith' Ankunft »standen hier mehr als zweihundert jener grimmigen Höflinge und wunderten sich über ... (Smith) wie über ein Monster, bis Powhatan und sein Anhang sich in ihre großartigste Garderobe geworfen hatten«. Aus den beiden Frauen zu Powhatans Seiten sind »junge Mädchen von 16 oder 18 Jahren« geworden. Als Smith vor dem Häuptling erscheint, »stießen alle Leute einen lauten Ruf aus«. Der ganze Dialog zwischen Powhatan und Smith schrumpft zusammen auf ein lapidares »eine lange Konsultation wurde abgehalten«. Statt dessen wird die berühmte Geschichte serviert, in der Prinzessin Pocahontas ihre Arme um den Kopf des tapferen, aber zu Tode erschrockenen Smith schlingt:

... eine lange Konsultation wurde abgehalten. Aber das Ende war, daß zwei große Steine vor Powhatan gebracht wurden. Dann legten soviele wie möglich Hand an [Smith] ..., zerrten ihn hin zu ... [den Steinen] und legten seinen Kopf darauf. Und als sie bereit waren, mit ihren Keulen sein Hirn herauszuschlagen, und kein Flehen zum Erfolg zu führen vermochte, schloß Pocahontas, die Lieblingstochter des Königs, seinen Kopf in ihre Arme und legte den ihren auf den seinen, um ihn vom Tode zu erretten. Damit war es der Herrscher zufrieden ... [Smith] sollte am Leben bleiben, um ihm [Powhatan] Äxte und ihr Glocken, Perlen und Kupfer zu fertigen.

Wie kam Smith auf die Idee, diese archetypische Mädchengeschichte einzuflechten? Archetypisch deshalb, weil sie in Varianten in verschiedenen Kulturen umläuft. Prinzessin Ariadne rettet aus dem Labyrinth ihres königlichen Vaters den Fremden Theseus und brennt mit ihm durch. Der vom Sultan gefangene ausländische Ritter wird von der schönen Sultanstochter befreit. Aber so weit braucht nicht einmal gegriffen zu werden. 1609 hatte Richard Hakluyt in London ein Buch veröffentlicht, das in Übersetzung den Bericht eines spanischen Amerikafahrers enthielt: Juan Ortiz, ein Soldat, war 1529 von den Indianern Floridas gefangen und in letzter Minute von Ulalah, der Tochter des Chiefs Ucita, vor dem Feuertod gerettet worden.

Smith behauptete später, seine Errettung durch Pocahontas bereits 1616 anläßlich des England-Besuches der Powhatan-Prinzessin in einem Brief an Queen Anne mitgeteilt zu haben. Der Brief ist allerdings verschollen, und die Queen selber konnte 1624 auch nicht mehr gefragt werden; sie war seit fünf Jahren tot. An die Öffentlichkeit drang diese Pocahontas-Geschichte in der Tat erst 1624.

Nun ist Geschichtsschreibung selten so einfach, daß alle Daten nur in eine Richtung weisen. Es gibt durchaus Gründe, die dagegen sprechen, daß Smith diese Pocahontas-Episode frei erfand. Was er beschreibt, ohne es zu verstehen, paßt zu dem, was Anthropologen über Adoptions- und Initiationsrituale der nordostamerikanischen Indianerstämme zusammengetragen haben. Im Lichte dieses Materials war die anberaumte und in letzter Sekunde durch Pocahontas abgewendete Hinrichtung Smith' eine rituelle Scheinexekution, der symbolische Tod eines Stammesfremden. Dem rituellen Tod des Fremdlings folgten seine Adoption und Initiation in die Sippengemeinschaft. Bei einigen Stämmen wurde der zu Initiierende in ein Grab gelegt oder unter Zweigen versteckt, wo er eine Weile wie ein Toter regungslos zu liegen hatte: Tod wurde theatralisch gespielt, damit das neue Stammesmitglied sich von der alten Vergangenheit verabschieden konnte. Gerade Kriegsgefangene wurden auf diese Weise in das Dorfleben integriert. Sie ersetzten die gefallenen Krieger des Stammes und sühnten deren Verlust. Am Ende des 18. Jahrhunderts bestanden nach heftigen Gemetzeln einige Irokesen-Dörfer sogar mehrheitlich aus solchen adoptierten Kriegsgefangenen.

Zu diesem Bild paßt, daß Smith nicht nur als Kriegsgefangener in Werowocómoco saß, sondern daß er auch zwei Pamunkeys vor seiner Gefangennahme erschossen hatte. Seine Adoption ersetzte vermutlich diese Opfer.

Mit dieser Sicht stimmt ferner zusammen, daß Powhatan am Ende seines »folkloristischen« Schlußrituals Smith als seinen adoptierten Sohn Nantaquoud bezeichnete und in Frieden von ihm ließ. Smith war als neues Stammesmitglied frei. Später im selben Jahr wurde er vom Chief der Chiefs sogar zu »einem Häuptling« ernannt; Powhatans »sämtliche Untertanen sollten uns so achten und uns nicht für Fremde halten«. (Smith)

Es harmoniert vor allem, daß zumindest in den Folgemonaten, wie im nächsten Kapitel zu schildern sein wird, die Leute Powhatans – und besonders Pocahontas – sich fürsorglich um Smith und seine Männer in Jamestown kümmerten, als wären sie Verwandte.

Auch daß eine Frau in dem Ritual eine Rolle spielte, ist stimmig. Gerade die Frauen durften bei verschiedenen Stämmen über das Los feindlicher Kriegsgefangener entscheiden. Waren doch sie es, denen durch den Kampfestod ihrer Jäger und Fischer Leid und Schaden zugefügt wurden. Sie sollten mitwirken, wenn gefangene Gegner in Schaden kompensierende Stammesglieder verwandelt wurden.

Pocahontas' rituelle Intervention kam somit einer Adoption gleich: Smith wurde Mitglied der Powhatan-Familie.

King Powhatan comands Cⁱ Smith to be ſlaine, his daughter Pokahontas beggs his life his thankfullneſſ and how he ſubiected 39 of their kings. reade ȳ hiſtory.

printed by Iames Reeve

Pocahontas (vorne) »rettet« John Smith vor dem Tode. Hinten rechts Powhatan im Federschmuck.

Es ist möglich, daß Powhatan selber seine Tochter zu ihrem rituellen Schritt bewegte. Auf jeden Fall hieß er ihn gut.

Das anthropologische Material, das die Pocahontas-Episode in dieses rituelle Licht taucht, ist nordostamerikanisch, wenn es sich auch nicht auf die Powhatan-Konföderation vom Anfang des 17. Jahrhunderts bezieht; diese ging unter, bevor Ethnologen sie erforschen konnten. Dennoch bleibt – für Romantiker – die historische Möglichkeit, daß sich diese Pocahontas-Episode tatsächlich zugetragen hat. Smith

55

hätte sie dann in seinem Bericht von 1608 aus plausiblen Gründen verschwiegen: Dem alten Haudegen, der nicht sehr viel von dem verstand, was rituell mit ihm in dieser Episode geschah, war es möglicherweise peinlich, daß ein junges Mädchen ihm das »Leben rettete«. Später, als Pocahontas in Europa berühmt geworden war, machte ihm dies offensichtlich weniger aus. Auch ist denkbar, daß 1608 die frommen Londoner Geldgeber nicht durch Schlagzeilen wie »barbusiges, halbnacktes Heidenmädchen schlingt ihre Arme um Ratsmitglied Smith« verschreckt werden sollten. Ja, es ist sogar möglich, daß nicht der Autor selbst, sondern der Londoner Herausgeber von 1608 Smith' Bericht aus diesem Grunde kürzte. Im Vorwort des Editors heißt es: »Etwas mehr wurde von ihm (Smith) geschrieben, das angemessen ist, wie ich dachte, privat zu bleiben. Ich würde nicht riskieren, es zu publizieren.« Prüde waren die Londoner Herren. Thomas Hariot, der die dritte Raleigh-Expedition von 1586 begleitet hatte, rühmte in seinem Bericht die Keuschheit der Mitfahrer: Die Einheimischen »bemerkten, daß wir keine Frauen unter uns hatten und auch nicht hinter den ihrigen her waren. Einige dachten deshalb, daß wir nicht von Frauen geboren und deshalb nicht sterblich wären, sondern daß wir Männer eines vor vielen Jahren vergangenen Geschlechts wären, die wieder zu Unsterblichkeit auferstanden seien.« Die englischen Herren waren stolz darauf, sexuell nicht so auszuschweifen wie die spanischen Erzfeinde in ihren karibischen und mexikanischen Abenteuern mit einheimischen Mädchen.

Egal zu welcher Version des Smith-Besuchs in Werowocómoco es den Leser oder die Leserin hinzieht, zu der dramatischeren und romantischeren von 1624 oder der nüchternen von 1608, in jedem Fall wird die Integrationsabsicht Powhatans erkennbar: Dieser Smith sollte mit seinen Leuten friedlich im indianischen Stammesleben aufgehen. Der Chief wollte von dem Engländer technologisch Nützliches

The seething of · · · their meate.
in Pots · · · of earth.

Keramiktopf über dem Feuer. Ein Maiskolben ragt aus dem Eintopf. Succotash, Mais- und Bohneneintopf, steht noch heute auf den Speisezetteln von Kennern.

A cheife Heroroans wyfe of Pomeoc.
and her daughter of the age of .8. or.
.10. yeares.

Frau und sieben- oder achtjährige Tochter eines Häuptlings von Pomeiock. Thomas
Hariot, der Sir Walter Raleighs Expedition von 1586 als Wissenschaftler begleitete,
schrieb unter das Bild: »Als wir ihnen die Handfiguren und Puppen gaben, die wir
von England mitgebracht hatten, waren sie höchst beglückt.«

The manner of their attire and painting them selues when they goe to their generall huntings or at theire Solemne feasts.

Bemalt für Jagd oder Fest: Hirschhaut mit Fransen.

lernen, aber Smith sollte sich seinerseits anpassen und einfügen. Nach der dramatischeren Zweitversion wurde seine Integration sogar durch eine regelrechte Adoption versucht.

Powhatan hatte bei dieser interkulturellen Begegnung mithin Ähnliches im Sinn wie die missionseifrige englische Gegenseite – nur unter umgekehrtem Vorzeichen: Auch er wollte die Fremdartigen in seine eigene Kultur integrieren. Daß ihm dies auf Dauer nicht gelingen sollte, lag nicht an ihm, sondern an der technologisch-kriegstechnischen Unterlegenheit seiner Kultur. Wer in diesem Sektor die Nase vorne hatte, konnte auch den Rest seiner Zivilisation dem anderen erfolgreich aufzwingen. So geschah es dann später in großem Stil in den englischen Schulen für Indianer.

Dennoch wurde der Kulturtransfer nicht zur Einbahnstraße. Auf einer schmalen Gegenspur gelangte auch Indianisches in den Alltag der Europäer. Wie Powhatan die Eindringlinge absorbieren, sich aber gleichwohl einige Nützlichkeiten ihrer Kultur aneignen wollte, so pickten sich umgekehrt die Europäer das heraus, was ihnen an indianischer Kultur nützlich und angenehm dünkte. Nur wenige Beispiele seien genannt. Viele Fischfang- und Pflanztechniken, vor allem der Maisanbau, von dem die Europäer bisher nichts verstanden hatten, wurden rezipiert. Etliche Gerichte wie Succotash, ein Eintopf aus Bohnen und grünem Mais, werden noch heute gegessen; Substanzen der Medizinmänner bis heute in der Pharmazie benutzt. Vom Tabak ganz zu schweigen.

Den Falken in der Konföderation, die Smith und seinen gesamten Anhang am liebsten erschlagen hätten, waren durch Powhatans Kursbestimmung – und erst recht durch den Adoptionsritus – vorläufig die Hände gebunden. Powhatan hatte sich für den Versuch friedlichen Absorbierens entschieden. Eine längere Friedensphase zwischen der Powhatan-Konföderation und den Engländern hob an.

Wer der nüchternen Version von 1608 den Vorzug gibt, muß gleichwohl nicht ohne Informationen über die zwölf- bis dreizehnjährige Pocahontas bleiben. »Die unverheirateten Mädchen wirst du immer am vorderen und an den seitlichen Teilen des Kopfes geschoren sehen«, notierte George Percy. Den verbleibenden Schopf »flechten sie zu einem Zopf, der bis zu ihren Hüften hinabreicht. Die verheirateten Frauen tragen all ihr Haar in voller Länge und flechten es wie die Mädchen.«

Das Scheren der Mädchen hatte auch praktische Gründe. Schwimmen war ein Lieblingssport der Jugend, im subtropischen Virginia das Wasser ihr Element. Bei Sonnenaufgang zelebrierte die ganze Familie im Fluß ein Waschungsritual, bei Sonnenuntergang nochmals. Sie streuten dabei »Tabak aufs Wasser oder Land und ehrten die Sonne als ihren Gott« (Percy). »Jungen und Mädchen« übten sich im Harpunieren von Fischen und »trafen die kleineren Exemplare, sobald diese ins seichte Wasser schwammen« (Beverley, 1705). Kanupaddeln trainierte die Muskeln von Jungen wie Mädchen. Auch Fußball »spielen Frauen und Knaben viel ... Sie machen ihre Tore wie die unsrigen, nur zanken sie sich nie, noch auch ziehen sie sich gegenseitig zu Boden.« (Spelman, 1609)

Sport und gute Körperhaltung waren den Erziehenden wichtig. Wenn an Pocahontas später immer wieder ihr beeindruckend würdevolles Auftreten bemerkt werden sollte, dann wurden die Grundlagen dafür hier in Werowocómoco gelegt.

Langbeinig und hochgewachsen waren die Powhatan-Mädchen, größer als die zeitgenössischen Engländerinnen. Die Powhatan-Bevölkerung maß durchschnittlich, wie aus Ossuariumsfunden am York River zu erkennen ist, 1,83 Meter! »Sie sind aufrecht und gut proportioniert und haben die wohlgeformtesten und exaktesten Körperglieder« (Beverley, 1705). Die Frauen haben »schöne Gliedmaßen, schlanke Arme und anmutige Hände« (Strachey, 1612). »In der Regel hübsch, besitzen sie eine ungewöhnliche Feinheit der Gestalt und des Gesichts« (Beverley, 1705). Über ihre »bemerkenswerten« Brüste schrieb Beverley: »klein, rund ... so fest, daß kaum je beobachtet wird, daß sie herabhängen, selbst bei alten Frauen nicht«.

»Hübsch und liebenswürdig«, urteilte auch Ralph Hamor 1615 über die Powhatan-Mädchen. Und Beverly fügte 1705 hinzu: »Der Überschuß an Leben und Feuer, den sie niemals vermissen lassen, macht sie ausgelassen, aber ohne daß dadurch ihre Unschuld einen Makel bekäme ... (Nur) für die Engländer, die nicht sehr fein zu unterscheiden vermögen zwischen Schuld und harmloser Freiheit, ist dies Grund genug, sie für zügellos zu halten ... Die indianischen Fräuleins sind voller Lebensgeist, und von daher sind sie immer mit lachender Fröhlichkeit und guter Laune erfüllt. Sie sind extrem zum Lachen aufgelegt, welches sie mit einer Grazie tun, die unwiderstehlich ist.«

Waren dies Merkmale der Powhatan-Mädchen allgemein und wollte Pocahontas' Name, der »vergnügt, ausgelassen, vivace« bedeutete, sie vor ihren Stammesgenossinnen auszeichnen, so bleibt nur der Schluß, daß Powhatans Tochter diese allgemeinen Merkmale in ganz besonderer Weise verkörperte.

Die Zwölfjährige trug mehrere Reihen Ketten und eine kurze Hirschleder-Schürze. Mädchen vor der Pubertät waren dagegen nur mit einem moosgepolsterten Lederriemen zwischen den Beinen bekleidet. Jungen liefen bis zehn oder zwölf nackt umher; die »privaten Teile« (Strachey) des Mannes verhüllte mehr schlecht als recht ein lederner Lendenschurz zwischen den Schenkeln. Hatten die Mädchen erst einmal diese Lederschürze angelegt, waren »sie sehr verschämt, nackt gesehen zu werden«. (Strachey, 1612)

Von der jungen Häuptlingstochter wurde Verantwortlichkeit erwartet. Bald – wenn dies nicht schon geschehen war – sollte die um die Jahreswende 1607/1608 zwölf- bis dreizehnjährige Pocahontas die Riten des Erwachsenwerdens durchlaufen und damit die Frauentracht anlegen: Die Hüfte der Frau trug einen kunstvoll gegerbten und mit Fransen gesäumten Hirschleder-Rock, der in Querfalten gelegt vorne über den Knien spitz zulief und hinten – offen war! Der Winterrock war nach demselben Muster aus Hirschfell geschnitten. Frauen von Stand wie Pocahontas freilich »bedecken sich meistenteils am ganzen Körper mit Lederumhängen, fein gegerbt ... mit Fransen, ... beritzt und bemalt mit hübschen Mustern oder ... Tieren, Vögeln, Schildkröten ... Einige benutzen Umhänge aus Federn von Truthähnen und anderen Vögeln, die so schön ... mit Fäden verwoben sind, daß nichts als die Federn sichtbar sind. Diese (Umhänge) waren besonders warm und sehr ansehnlich« (Strachey). Die Riten des Erwachsenwerdens schlossen für das Mädchen eine mehrtägige Fastenzeit in völliger Isolation ein, während der sie mit übernatürlicher Kraft sich erfüllt fühlte und an deren Ende sie in den Traditionen des Stammes unterwiesen wurde. Als Frau sollte sie dann immer wieder solche Phasen des Sich-Zurückziehens erleben. Während ihrer Regel »halten sich (die Frauen) von den Männern in einem getrennten Raum fern«. (Strachey, 1612)

Daß Pocahontas tätowiert gewesen wäre, wird von keinem Zeitgenossen angedeutet. Strachey beobachtete farbig eintätowierte »Blumen und Früchte, ... Schlangen, Salamander und vieles mehr« auf fraulichen »Armen, Brüsten, Schenkeln, Schultern und Gesichtern«. War solches Verzieren in einem späteren Lebensalter üblich, in dem Pocahontas bereits von ihrem Stamm getrennt lebte? Dagegen spricht, daß viele Indianerstämme bereits Pubertierende tätowierten und Strachey beobachtet haben will, daß die in die Haut eingeritzten Farbstoffe »im Fleisch ... (mit)wachsen«. Ob Pocahontas später unter ihren hochgeschlossenen europäischen Kleidern Tätowierungen verbergen sollte, muß offenbleiben.

Aufgewachsen war die Powhatan-Tochter seit ihrer Kleinkinderzeit an der Seite des Vaters unter den Händen seiner Lieblingsfrauen. Vater und Tochter, so stellte es sich den zeitgenössischen Chronisten dar, waren unzertrennlich. Von ihrer leiblichen Mutter erwähnen die Quellen dagegen nichts. Den möglichen Grund liefert uns Henry Spelman, der 1609/10 monatelang in indianischen Dörfern leben sollte: Ein »Häuptling ... schickt in allen Teilen des Landes nach den hübschesten und schönsten Mädchen, aus denen er ... eine Auswahl trifft. Er gibt deren Eltern, was ihm gefällt. Wenn eine der Frauen des Häuptlings einmal ein Kind von ihm bekommt, behält er sie nicht länger, ... er gibt ihr genügend Kupfer und Perlen zu ihrem Unterhalt und dem des Kindes, solange dieses klein ist. Und dann wird (das Kind) ihr weggenommen und vom Häuptling unterhalten. Ihr ist es jetzt zulässig, ... einen anderen zu heiraten.« Vermutlich war dies das Los der Mutter der Pocahontas.

Wie Powhatans Lieblingsfrauen war auch seine Tochter von den täglichen Arbeitspflichten der Frauen befreit. Bedienstete gingen ihr zur Hand. Eine Häuptlingsfrau oder -tochter bekam nach einer Kanufahrt nicht einmal nasse Füsse. Statt wie die anderen ans Ufer zu waten, wurde sie »zwischen zwei ihrer Bediensteten herangetragen« (Strachey). Dienerinnen halfen ihr beim Anziehen, beim Schmücken mit weißer Koralle. Sie hängten ihr Perlen ans Ohr, legten ihr eine mehrreihige Kette aus Kupferstückchen um oder steckten ihr Blumen ins Haar.

Die Erziehung ließ Freiheit; Milde rangierte vor Strenge. Einen zumindest heimlichen Blick auf John Smith, den gefangenen Exoten aus Europa, wird Pocahontas riskiert haben dürfen. Hinter einer Schilfgrasmatte wird sie hervorgelugt haben, neugierig ob dieses so merkwürdig wie ein Bär behaarten Mannes. Im Gesicht trug er buschiges Haar, sogar lustig rötliches – wie der Maiskolben Bärte. Nichts dergleichen hatte sie an den gewöhnlich glattrasierten Körpern der Männer ihres Volkes gesehen.

Vielleicht ließ Powhatan seine Tochter auch eine rituelle Rolle in einem Adoptionsakt spielen. Eine Liebesbeziehung zwischen ihr und John Smith jedoch, wie sie Romantiker und Filmemacher immer wieder weismachen wollen, entstieg erst den Hirnen späterer Generationen. Sie läßt sich aus den historischen Quellen nirgends belegen. Nicht einmal der zuweilen fabulierende John Smith verstieg sich zu solchem Gespinst. Dieses wurde erstmals 1755 in einem Artikel des *London Magazine* gewebt, demzufolge Pocahontas einer »Leidenschaft für den Captain frönte«.

Liebe und Eros sollten im Leben der Pocahontas erst an späterer Stelle ihren Platz finden – mit anderen als John Smith.

4

Hilfe von dieser Lady Pocahontas

Das Leben der Kolonie bis zur Abreise
von John Smith

Am 8. Januar 1608 war John Smith aus Werowocómoco mit Frieden und Brot nach Jamestown zurückgekehrt. Doch anstatt ihn zu feiern, klagten die Kolonisten ihn an. Er sollte nunmehr für die drei am Chickahominy getöteten Engländer büßen und zusammen mit dem ehemaligen Council-Vorsitzenden Wingfield hingerichtet werden. Wiederum kam Rettung für Smith in letzter Minute, diesmal durch ein Segel am Horizont. »Es gefiel Gott, an demselben Abend Kapitän Newport zu uns zu senden«, der nach England zurückgesegelt war, um Nachschub zu holen. »Dessen Ankunft rettete Master Smyths Leben und meines« (Wingfield). Newport wußte Smith' Erfolg bei Powhatan zu schätzen.

Mit Newports Nachschub-Törn nach England, dem weitere folgen sollten, wurde eine Lebensader eröffnet. Neue Kolonisten, Kleidung, Lebensmittel, Waffen und Werkzeuge wurden herangefahren, auch Tand für den Tauschhandel mit Einheimischen. Unter den über hundert Neulingen, die im Januar 1608 ihren Fuß auf Jamestowns Halbinsel setzten, waren ein Goldschmied und zwei »Läuterer« – für den Fall, daß endlich Edelmetalle gefunden würden. Die Londoner Handelsgesellschaft hatte vorgesorgt. Auch ein Tabakpfeifenmacher kletterte von Bord.

Doch die Freude währte nicht lange. Ein Feuer verheerte die Siedlung, so daß Vorräte verkohlten und viele Männer keinen Schutz vor dem »extremen Frost« fanden. Krankheit und Hunger begannen um sich zu greifen. Die Kolonie stand wieder kurz vor dem Aus – und wieder kam Hilfe seitens der wachsam beobachtenden Einheimischen, diesmal direkt aus Werowocómoco, nur etwa eine Woche, nachdem Smith von dort aufgebrochen war. Angeführt von Pocahontas, bewegte sich ein Zug von Trägern durch die Winterlandschaft. Am Tor des Forts angekommen, legten sie Wildbret, Vögel und Körbe voller Maisgebäck nieder. »Ihres großen Königs Tochter ... befreite von unseren Nöten« (Smith). Das Verhalten der Prinzessin erklärte sich gut, wenn kurz zuvor eine adoptierende Initiation des John Smith in die indianische Stammesgemeinschaft stattgefunden hatte, an der die Powhatan-Tochter rituell beteiligt gewesen war. Wie immer dem sei, hier in diesem Gabenzug nahm die Häuptlingstochter Verantwortung für die in das Stammesleben zu integrierenden Engländer wahr. Smith freilich war sich unklar über Pocahontas' Motive: »War es die Politik ihres Vaters, sie so einzusetzen, oder die Anordnung Gottes, sie auf diese Weise zu seinem Werkzeug zu machen, oder war es ihre außergewöhnliche Zuneigung zu unserer Nation, ich weiß es nicht.«

In den darauffolgenden Januar- und Februarwochen kamen immer wieder Boten, von Pocahontas und ihrem Vater gesandt, manchmal »jeden zweiten Tag«, um eine »Fülle von Brot, Fisch, Truthähnen, Eichhörnchen, Hirsch und anderen Wildtieren« darzubringen. Oft waren auch Geschenke an Smith »von ihren Häuptlingen oder von Pocahontas« dabei. »Hätten die Eingeborenen uns nicht verpflegt, wir wären Hungers direkt gestorben. Und diese Hilfe wurde uns gewöhnlich von dieser Lady Pocahontas gebracht ... Regelmäßig einmal in vier oder fünf Tagen brachte Pocahontas mit ihrem Gefolge reichlich Proviant, der viele Leben rettete ... Sie war das Instrument, diese Kolonie vor Tod, Hunger und völliger Konfusion zu bewahren.« (Smith)

Ende Februar brach Smith nach Werowocómoco auf, um Dank abzustatten und seinen »Vater« Captain Newport, den »König aller Gewässer«, dem Chief der Chiefs höflichst vorzustellen. Die englischen Gäste ließen sich nicht lumpen und präsentierten einen weißen Windhund und einen roten Anzug mit Zylinderhut als Geschenk. Powhatan seinerseits »strengte sich mit dem Maximum seiner Größe an, sie zu bewirten«, und verkündete »einen dauerhaften Bund und Freundschaft«. Darüber hinaus übergab jede Seite der anderen einen halbwüchsigen Burschen als Pfand: Der dreizehnjährige Thomas Salvage blieb in Werowocómoco, um sich in das Stammesleben einzufügen und die Algonkin-Sprache zu erlernen, die er nach drei Jahren »in natürlicher Art sprach« (Hamor, 1615).

Powhatans intelligenter Diener Namontack seinerseits machte sich mit auf nach Jamestown, um sich englische Art und Zunge anzueignen. Mag Powhatan noch gehofft haben, auf diese Weise ein Absorbieren der Fremden wirksam einleiten zu können – für die Engländer war dieser frühe transatlantische Schüleraustausch ein willkommenes Mittel, kompetente Dolmetscher für Handel und politischen Wandel heranzuziehen.

Was den Handel betraf, so konnte sich Newport selbst bei diesem diplomatischen Besuch das Schachern nicht verkneifen. Während Powhatan es für unter seiner Würde hielt, in Handelsgeschäfte einzutreten, feilschte der »König aller Gewässer« mit einigen Powhatan-Leuten um den Tauschpreis von Mais gegen Klingen und Kupfer. Smith warf unverfroren blaue Glasperlen in den Deal mit ein.

Am 10. April 1608 setzte Newport Segel zurück nach England. Mit an Bord stand Namontack, der Schlaue, von dem Smith vermutete, daß Powhatan ihn als Spion nach England schickte, »um unsere Kraft und die Lage des Landes zu erfahren«. Unter Deck lagerte haufenweise »güldener

Dreck« (Smith), bei dessen Laborprobe in England alle Hoffnung auf Edelmetalliges dahinschmelzen sollte.

Im frühlingshaften Jamestown wurden die letzten Reparaturen nach dem Feuer in Angriff genommen. Im Klima des durch Powhatan, Pocahontas und Smith eingeleiteten Friedens konnten außerhalb der Palisaden – wenngleich direkt am Fort – einige Felder gerodet und bebaut werden. Am 20. April brachte der Segler des Kapitäns Francis Nelson neue Kolonisten von daheim.

Doch nicht lange währte die Ruhe. Im Mai wurden plötzlich wiederholt Siedler, die jagten oder auf dem Felde arbeiteten, überfallen und ihrer Metallwerkzeuge und Waffen beraubt. Newport hatte vor seiner Abreise die indianische Gabe von zwanzig Truthähnen unvorsichtigerweise mit der von zwanzig Metallschwertern beantwortet und damit bei den Steinzeitleuten den Wunsch nach Mehr geweckt. Die zurückgelassenen Siedler waren aus verständlichem Grunde jedoch nicht gewillt gewesen, im Tauschhandel solches Verlangen zu erfüllen. Etliche Einheimische bedienten sich deshalb selber. Sie stahlen oder nahmen sich das Glitzrige mit Gewalt. Die Beraubten werden die Ironie kaum bemerkt haben: Bis zur Abreise Newports hatten sich die Gespräche und Aktivitäten im Lager immer nur ums »Goldgraben, Goldwaschen, Goldraffinieren, Goldladen« (Smith) gedreht. Sie, die gierig nach den Edelmetallen des Landes geschürft und den »güldenen Dreck« unter Deck geschaufelt hatten, wurden nun von den Kindern des Landes ihrer Gerätschaften minderen Metalls beraubt. Spaten, Äxte, Musketen – der ganze Plunder begann zu verschwinden.

Smith ließ sich das nicht länger bieten. Er »jagte einige die Insel rauf und runter«. Andere Räuber wurden eingesperrt. Ihre Kumpane nahmen im Gegenzug zwei englische Geiseln und versuchten, sieben Inhaftierte freizupressen. Die Gewaltspirale drehte sich weiter: Die Besatzung des Forts machte einen Ausfall in die Nachbardörfer, und die sieben

Häftlinge wurden gefoltert. Die indianische Seite sah sich genötigt, die beiden Engländer laufenzulassen, ohne die eigenen Gefangenen auslösen zu können.

In dieser verfahrenen Lage betrat wiederum Pocahontas als Vermittlerin die Bühne: »Powhatan erfuhr, daß wir gewisse Eingeborene in Haft hatten, und schickte seine Tochter« (Smith, 1608). 1624 beschreibt Smith denselben Vorgang ausführlicher: Powhatan »schickte seine Boten und seine liebste Tochter Pocahontas mit Geschenken, um sich zu entschuldigen für die Schäden, die von einigen unbesonnenen, widerspenstigen Führern, seinen Untertanen, angerichtet worden waren, und wünschte ihre Freiheit für dieses Mal – mit der Versicherung seiner immerwährenden Liebe«.

Die Prinzessin verhandelte nicht selber, sah es auch unter ihrer Würde an, von den Gefangenen Notiz zu nehmen. Sie ließ die Väter und Freunde der Inhaftierten um Gnade bitten. Aber allein ihre Präsenz als Leiterin der Delegation verfehlte die von Powhatan kalkulierte Wirkung nicht: Dem »Kind, das er am meisten schätzte«, konnten die Engländer den Gnadenerweis nicht verweigern. »Ihres Vaters Freundlichkeit, sie (die Lieblingstochter) zu schicken«, vermochten sie sich nicht zu verschließen, zumal sie es gewesen war, die die Hilfssendungen des Winters angeführt hatte. Die verletzliche Tochter wirkte als diplomatisches Mittel. Warum sollte sich die Gewaltspirale weiter drehen, wenn eine Frau die Szene betrat? Powhatan war weise. »Seine natürlichen Gaben« bewunderten die Engländer, wie Smith in einem anderen Kontext festhielt.

Der Frieden war wiederhergestellt. John Smith konnte es am 2. Juni 1608 wagen, das Fort sich selber zu überlassen und zu einer Forschungsreise aufzubrechen. Mit dreizehn Mann, darunter einem medizinischen »Doctour der Physicke«, segelte er die Chesapeake Bay hinauf. Ein Ziel der

Expedition war, »ein glitzerndes Metall, das die Eingebornen nach eigenen Angaben vom Patawomeck (Potomac River) hatten«, aufzufinden. Nach wertvollen Rohstoffen stand der Sinn der ungeduldigen Londoner Gesellschafter. Auch versprach Smith sich Auskunft über die Ausdehung der Chesapeake Bay, über den Verlauf der Flüsse, über Fisch-, Getier- (»Felle«) und Gesteinsarten (»Metalle«), über Vegetation und eßbare Früchte. Kenntnisse über Einwohner, Nahrungsmittelquellen und Geographie erschienen Smith unabdinglich zum Überleben der Kolonie. Vier Jahre später (1612) war er in der Lage, eine bemerkenswert akurate Karte von Virginia-Tidewater zu publizieren. Einige geographische Namen, die er auf dieser Reise erfand, gelten noch heute: Die »Smith Insel« war das erste größere Eiland, dessen er auf dieser Exkursion ansichtig wurde. Wenig bescheiden, wie er war, benannte er es nach sich selber. »Eastern Shore« heißt noch heute die lange Halbinsel, die die Chesapeake Bay vom Atlantik trennt. »Stingray Point« erinnert an einen Rochenstich. Im seichten Wasser erlegte Smith hier einen Rochen mit dem Schwert. Als er ihn von der Klinge klaubte, wurde er in den Arm gestochen, so daß dieser wie ein Ballon anschwoll. Smith sah sich bereits nach einem Grabplatz um, wie er später behauptete. Doch sein »Doctour Russel« kramte ein »kostbares Öl« aus dem Tornister, und noch vor Einbruch der Nacht konnte Smith guter Dinge »den Fisch zum Abendbrot verspeisen«.

Die Episode täuscht nicht darüber hinweg, daß die Exkursion schlecht vorbereitet war: Nicht einmal Netze gab es an Bord der Schaluppe. Die Männer versuchten, den Fischsegen mit einer Bratpfanne einzufangen! Leider klappte auf diesem Abkürzungsweg – vom kalten Naß geradewegs in den Kochtopf – nichts: »Wir fanden heraus, daß sie ein schlechtes Instrument zum Fischefangen ist.« Einsame Uferstreifen, »Wälder extrem dicht, voller Wölfe, Bären,

Hirsche und anderer Wildtiere«, wechselten mit besiedelten Gestaden der Chesapeake Bay. Im Norden nahe der heutigen Grenze zu Pennsylvania beobachtete die Crew Irokesen mit Metallbeilen, die von französischen Handelsniederlassungen in Kanada stammen mußten.

Mit einer Fülle geographischer Erkenntnisse, wenn auch ohne Silber und Gold und ohne Südsee-Perspektive, lenkte Smith die Schaluppe heimwärts. Bei seiner Rückkehr am 7. September fand er die Kolonie wiederum zerstritten vor. Als Leiter der erfolgreichen Chesapeake-Expedition schwang Smith sich nunmehr zum Führer von Jamestown auf. Am 10. September löste er Captain Ratcliffe als Vorsteher des Councils ab. Er hielt auf Disziplin und trieb die Männer zu neuen Bauarbeiten an. Vor allem Lagerraum war zu zimmern, denn Captain Newport mit seinem zweiten Nachschub wurde erwartet. Sonnabends exerzierten die Kolonisten auf der freien Fläche neben dem Fort Musketengebrauch und Marschieren in Reih und Glied. »Manchmal standen mehr als hundert Eingeborene und schauten verwundert zu« – eine Samstagsposse für die, die im Buschkrieg geübt waren.

Im frühen Oktober 1608 landete Newport mit rund 70 Passagieren an, darunter acht Deutsche und Polen, die sich aufs Glasblasen verstanden. Auch zwei Frauen kletterten von Bord, die ersten in der Kolonie: Die Gemahlin eines Gentleman und ihre Dienstmagd, die – unverheiratet – die Blicke auf sich zog. Eine Fülle von Nachschubgütern wurde durch die Tore des Forts geschleppt. Ebenfalls im Gepäck Newports, aber weniger willkommen, war die unsinnige erneute Anmahnung durch die Londoner Handelsgesellschaft, nun endlich eine Goldader zu finden und eine Passage nach Ostindien... Außerdem war Newport angewiesen worden, nicht ohne eine Ladung wiederzukehren, die seine Reise finanzieren konnte. Die Herren Teilhaber in

London waren es leid, ein Zuschußunternehmen am Leben zu halten. Sie wollten schnelle Rendite sehen oder zumindest Kostendeckung. John Smith ließ sich zu seiner »Groben Antwort«, der sogenannten *Rude Reply*, hinreißen und kritisierte – nicht auf den Mund gefallen – die Qualität der von der Gesellschaft herübergeschickten Neuankömmlinge: Unbrauchbare Taugenichtse, meist ungelernt, schlecht ausgerüstet, die nur die Vorräte wegaßen. Wirklich gebraucht würden »dreißig gut ausgerüstete Zimmerleute, Landwirte, Gärtner, Fischer, Schmiede, Maurer und Leute, die Baumwurzeln ausgraben können«. Dreißig von diesen seien besser »als tausend von denen«, die von den Herren in London herübergeschickt worden waren.

Noch merkwürdiger nahmen sich ein paar andere Gepäckstücke aus, die Newport vor Smith' erstaunten Augen auswickelte: eine Kupferkrone und ein Krönungsmantel nebst anderen Herrschaftsinsignien. Die Londoner waren auf die Idee gekommen, Powhatan zum Vasallen des englischen Königs zu krönen. (Ähnlich, nur mit umgekehrtem Vorzeichen, verlieh Powhatan seinem Captain Smith im Laufe des Jahres 1608 den Titel eines Häuptlings der Powhatan-Konföderation.) Was auf Betreiben der Londoner versucht und besiegelt werden sollte, war mithin eine Integration der Powhatan-Konföderation auf englische Art. Dasselbe Ziel läßt sich auch einen Ton unenglischer, direkter formulieren: Virginia-Tidewater sollte durch die britische Krone endgültig annektiert werden – mit Stil und zeremoniellem Brimborium.

Widerwillig machte sich John Smith mit seinem Offiziersburschen Samuel Collier, mit dem aus England nach Jamestown zurückgekehrten Namontack als Dolmetscher und mit drei weiteren Herren auf den Weg nach Werowocómoco, um Powhatan zu seiner Investitur ins Fort einzuladen. Wie würde der stolze Indianerkönig reagieren? Fast erleichtert stellte Smith bei seiner Ankunft fest, daß Powhatan nicht zu Hause war. Das gewährte der delikaten Mission einen Aufschub.

Was sich während der Wartezeit vor den erstaunten Augen des Captains und seiner Gefährten abspielte, übertraf ihre wildesten Männerphantasien. Die Episode ist zugleich ein Musterbeispiel interkulturellen Mißverstehens seitens der Europäer, die das Schauspiel, das sich ihnen bot, direkt auf sich bezogen und seinen rituellen Charakter verkannten. Was die Herren als Willkommen zu ihren Ehren interpretierten und als Bestätigung ihrer männlichen, küraßglitzernden Attraktivität, war etwas anderes.

Der Zufall hatte es gewollt, daß Smith und seine Männer zu Beginn des herbstlichen Maisernte-Festes in Werowocómoco eintrafen. Die letzte, im Oktober von den Frauen eingebrachte Maisernte gab Anlaß zu einem Fruchtbarkeitsritual, in dem die Frauen – als diejenigen, die die Maisfelder kultivierten – die Hauptrolle spielten. In einem Zirkel hoher Holzpfähle mit geschnitzten Gesichtern wurde ein Feuer entzündet, um das nackte junge Frauen einen rituellen Fruchtbarkeitstanz aufführten. Die monotone Weise der Trommeln, Flöten und Rasseln trieb die Tänzerinnen bis zur Ekstase.

Da die Powhatan-Leute zu früh von den Weißen unterdrückt wurden, um ethnologisch erforscht werden zu können, bleiben zum Verstehen wieder nur spätere Analogien. Bei einigen Stämmen der uto-aztekischen und der Hoka-Sioux-Sprachbereiche zum Beispiel steigerten sich solche Maisfeste bis hin zu orgiastischen Höhepunkten: Unter der Ägide der Medizinmänner suchten sich die Tänzerinnen Sexualpartner heraus – gerade auch von außerhalb der eigenen Sippe. Frisches Blut sollte die Familie erneuern. Solche Parallelen mögen erahnen lassen, was mit den verdatterten Europäern im weiteren Verlauf dieses goldenen Oktobertags seitens der Hüterinnen des ›Maiskolbens‹ geschah.

Was Smith als gastfreundliches Willkommen durch Pocahontas' Frauen deutete, stellte sich ihm zusammenhängend so dar: »In einem lieblichen ebenen Felde machten sie ein Feuer.« Zusammen mit vielen Familien, Alten, Jungen und Kindern, saßen die fünf Engländer auf Schilfgrasmatten. »Plötzlich ertönte aus dem Wald ein solch schrecklicher Lärm und ein solches Kreischen, daß die Engländer zu ihren Waffen griffen und neben sich zwei oder drei alte Männer (als Schutzschilde) packten in der Annahme, Powhatan käme mit all seiner Macht, sie zu überraschen« – inmitten lagernder Frauen, Kinder und Alter!

Aber sofort kam Pocahontas, willig, von ihm [Smith] getötet zu werden, falls irgendein Schaden geplant wäre. Und die Zuschauer, die Männer, Frauen und Kinder, überzeugten den Captain, daß solches nicht der Fall war.

Dann kamen dreißig junge Frauen nackt aus dem Wald, hinten und vorne nur mit ein paar grünen Blättern bedeckt, ihre Körper alle bemalt, einige mit der einen Farbe, andere mit einer anderen, alle aber unterschiedlich. Ihre Führerin hatte ein schönes Hirschgeweih auf ihrem Kopf und ein Otterfell am Gürtel sowie ein zweites auf ihren Armen, einen Pfeileköcher auf ihrem Rücken, einen Bogen und Pfeile in ihrer Hand.

Oft wird diese Tanzleiterin – willkürlich – mit Pocahontas identifiziert, obwohl die Powhatan-Tochter unbemalt eben erst bei Smith unter den Zuschauern gestanden hatte.

Die nächste trug in ihrer Hand eine Klinge, eine andere eine Keule, eine andere einen Stock zum Topfrühren, alle ebenso gehörnt... Diese Unholde stürzten mit höllischsten Rufen und Schreien aus den Bäumen hervor, warfen sich in einen Ring um das Feuer und sangen und tanzten... Oft verfielen sie in ihre höllischen Leidenschaften. [Solche Ekstasen symbolisierten in den Fruchtbarkeits-

tänzen einiger Pueblo-Indianer den Orgasmus.] Dann
sangen sie wieder feierlich und tanzten. Nach fast einer
Stunde in dieser Maskerade verschwanden sie in der glei-
chen Weise, wie sie gekommen waren.

[Nach dem Abschminken,] nachdem sie sich reakko-
modiert hatten, luden sie ihn [Smith] feierlich zu ihren
Wohnungen ein, wo alle diese Nymphen ihm mehr als
jemals zusetzten, sobald er im Hause drinnen war: Sie
drängten, drückten und hangen an ihm und riefen in
ermüdender Weise höchst ausdauernd: »Love you not
me? Love you not me?« [Dieser englische Brocken, von
Seefahrern aufgeschnappt, hatte sich unter indianischen
Frauen herumgesprochen.]

»Am nächsten Tag kam Powhatan.« Britisch trocken endet
die Episode.

Nach dem Vergnügen die Arbeit, und Arbeit sollte werden, was bevorstand. Die unglückselige Kupferkrone!
»Wenn euer König mir Präsente geschickt hat – ich bin auch
ein König! Und dies ist mein Land ... Dein Vater (Newport)
muß zu mir kommen, nicht ich zu ihm.«

Es blieb Smith nichts anderes übrig, als nach Jamestown
zurückzukehren und die Geschenke – vor allem die sperrigen
– auf ein Schiff zu laden: ein englisches »Bett und Möbel«,
auch ein »Bassin und eine Kanne« für Wasch- und Badefreu-
den – als würden die Einheimischen nicht mindestens zweimal am Tag in den Fluß steigen. Smith selber begab sich mit
Captain Newport und »fünfzig guten Schuß« auf dem kürze-
ren Landweg zurück nach Werowocómoco.

Das Bett und die Möbel wollte Powhatan gerne auspro-
bieren. Auch ließ er sich nach längerem Zureden den schar-
lachroten Mantel umhängen. Doch als die Krone an die
Reihe kam, stellte er sich gänzlich stur. Newport hätte es
gerne gehabt, daß Powhatan vor ihm als dem Repräsentanten des englischen Königs zur Krönung niederkniete. Ein

Powhatan kniete nicht! Vor niemandem. Newport und Smith tänzelten um ihn herum, redeten, machten es ihm vor. Nichts der »Überredungen, Beispiele und Instruktionen« fruchtete. Schließlich nahmen alle drei – Smith, Newport und der Dolmetscher Namontack – die Krone gemeinsam in die Hand, »stützten sich schwer auf seinen Schultern ab«, und kaum daß er »ein bißchen« den Kopf neigte, balancierten sie den Reif auf Powhatans Dickschädel. Glücklich gaben die Unglücksraben ihren Matrosen einen Wink, und wenig später krachte aus den Schiffsgeschützen auch noch eine Salutsalve! Der Gekrönte fuhr in »schrecklicher Furcht« herum und mußte erst wieder beruhigt werden.

Wenig beeindruckt von der Posse machte Powhatan dem Repräsentanten des englischen Königs »seine alten Schuhe und seinen Mantel« zum Gegengeschenk. Und hatten die Engländer auf eine üppige Maisladung als Rückfracht gehofft, so wurden sie mit wenigen Anstands-Scheffeln entlassen.

Die Jamestown-Politik der Powhatan-Konföderation änderte sich in den Oktober- und Novemberwochen des Jahres 1608. Englische Emissäre, die bei verschiedenen Stämmen der Konföderation Mais zu erhandeln versuchten, bekamen Abfuhren. Selbst als die Europäer mit Gewaltakten den Handel zu erpressen suchten, Fischreusen, Kanus und Hütten zerstörten, ließen sich nur wenige Scheffel erzwingen: Ausgehungert werden sollte die Ausländer-Kolonie, zurück in die Heimat getrieben werden. Dies schien das abgesprochene Ziel der Stämme zu sein.

Was hatte die Falken im Powhatan-Lager obsiegen lassen? War es die Tölpelhaftigkeit jener Krönung, die der Englanderfahrene Namontack ins rechte Licht gestellt hatte? (Welche Augen hätten die Europäer des 17. Jahrhunderts gemacht, wenn ein paar Motorboote von jenseits des Ozeans in Plymouth festgemacht hätten, wenn die Crew mit Maschinengewehrsalven die Fischer am Strand erschreckt und nach ein paar Monaten Camping an der englischen Südküste erklärt hätte, diese Insel gehörte nun ihr und König Jacob I. dürfte froh sein, in ihrem Auftrag das Land weiterzuverwalten?) Oder waren es die anderen Nachrichten, die Namontack aus England mitgebracht hatte: daß dort unzählige Menschen lebten; daß viele davon sich für Virginia interessierten; daß noch mehr Schiffe mit Nachschub und Menschen an Bord zur Chesapeake Bay segeln sollten, als bisher angekommen waren? Es war überdeutlich geworden, daß die etwa zweihundert Kolonisten, die bereits im Lande weilten, nicht wieder abziehen wollten, sich für immer festzusetzen gedachten. Sie würden viele ihrer Landsleute nach sich ziehen. Dies mußte dem aufgeweckten Namontack in England bewußt geworden sein. Und je zahlreicher die Fremden am James River wurden, um so mehr schmolz jegliche Hoffnung dahin, diese Rauschebärte noch ins eigene Stammesleben integrieren, sie absorbieren zu können. Die Monate hatten gezeigt, daß sie dies gar nicht wollten. Warum waren sie nicht Powhatans Einladung gefolgt, zu ihm an seinen Fluß zu ziehen? Dann würden sie jetzt nicht in einen Hungerwinter hineingehen. Glasklar wie die Dezemberluft war geworden, daß diese Fremdlinge von jenseits des Großen Wassers nicht nur zum Tauschhandel hier waren und mit ihrer Technologie als Verbündete gegen Irokesen und Monacans nützlich sein konnten. Sie wollten vielmehr das Land! Und je mehr von ihnen hereinströmten, um so mehr Land würden sie brauchen.

Wie würden die Rauschebärte auf die Handelsverweigerung, auf die Aushungertaktik reagieren, auf diese frühe Form passiven Widerstandes, lange bevor Gandhi mit seiner »passive resistance« der englischen Kolonialmacht zusetzte? Noch dümpelte Captain Newports »Mary and Margaret« vor dem Tor des Forts. Noch waren die Segel zur Rückreise nicht gesetzt. Würde er viele Kolonisten wieder nach England mitnehmen, die die Furcht vor dem Frost und dem halbleeren Lagerhaus packte?

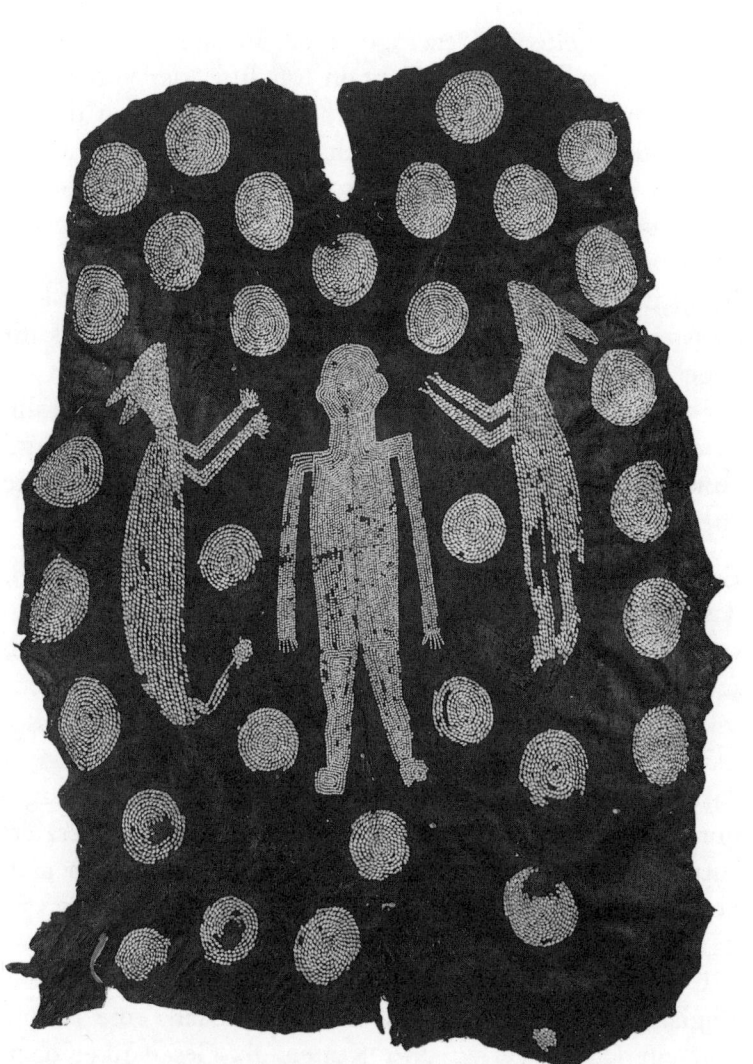

Eine Hirschhaut mit figürlichem Muschelbesatz, die im Laufe des 17. Jahrhunderts nach England gelangte. Der Tradition nach soll Powhatan diesen zeremoniellen Umhang durch Kapitän Christopher Newport als Geschenk an Jacob I. geschickt haben.

Newport segelte im Dezember 1608. Er nahm auch einige Leute mit, zum Beispiel Captain Ratcliffe, der von Smith im Council-Vorsitz abgelöst worden war und zu dessen erbitterten Gegnern zählte. Auch Smith' »Grobe Antwort« an die Londoner Handelsgesellschaft hatte Newport eingesteckt und als Rückladung Eisenerz, Pech und Glas unter Deck verstaut. Aber eine nennenswerte Rückführung von Menschen ließ sich nicht erkennen. Etwa zweihundert Kolonisten schauten der »Mary and Margaret« nach, bis ihr Segel in der Flußschleife verschwand.

Selbst die Frauen waren geblieben. Der Arbeiter John Layden hatte das Rennen bei der unverheirateten Magd Anne Burras gemacht. Im Advent wurde Virginias erste christliche Ehe geschlossen.

Ende Dezember sah John Smith den Zeitpunkt gekommen, das bedrohliche Handelsembargo durch persönliches Vorsprechen bei Powhatan zu brechen. Fast genau ein Jahr nach seinem allerersten und erfolgreichen Besuch in Werowocómoco machte er sich wieder dorthin auf, diesmal zu Wasser mit 46 gedrillten Matrosen und Soldaten im Gefolge – darunter viele von denen, die im September zur Samstagsunterhaltung der Einheimischen auf freiem Feld exerziert hatten. George Percy kommandierte das eine der beiden Schiffe, Smith das andere. Am 12. Januar 1609 erreichten sie das vereiste Gestade Werowocómocos.

Um bei Powhatan vorsprechen zu dürfen, hatten die Engländer Vorbedingungen erfüllen müssen: eine Henne und ein Hahn, Perlen und Kupfer als Geschenke, dazu Fachkräfte und Werkzeuge zum Bau eines englischen Hauses. Irgendwo mußten die englischen Möbel, Geschirre und das Bett ja stilgerecht aufgestellt werden.

Powhatans Kernfrage an Smith überrascht nicht: »Wann würden wir weg sein«, so referiert der Captain den Chief. Und er zitiert den Häuptling: »Ich trage einiges Bedenken an eurem Hiersein ... Denn viele berichten, ihr kamt nicht zum Tauschhandel her, sondern um mein Volk zu überlaufen und mein Land zu besitzen.« Powhatan hatte den Nagel auf den Kopf getroffen.

Zielsicher war auch sein Handelsanliegen. Wollten die Engländer Mais, so nicht für Kupferstücke, sondern nur für europäische Waffen: »vierzig Schwerter« für »vierzig Körbe«. Denn mit jeder Waffe, die die Seite wechselte, schwand das militärische Ungleichgewicht zwischen Einheimischen und Eindringlingen. Smith seinerseits bekräftigte das Waffenembargo, das seitens der Siedler seit April bestand. Es war nicht voranzukommen in den Gesprächen! Schließlich einigten sich die beiden auf das dürftige wirtschaftliche Resultat, 80 Scheffel Mais gegen einen Kupferkessel zu tauschen. Powhatan entschuldigte sich mit (angeblich) mageren Ernteerträgen auf den Feldern der Konföderation.

Was die politische Seite des Austausches betraf, so versteckten beide unter gegenseitigen Bekundungen des Freundschafts- und Friedenswillens Drohungen. Powhatan beantwortete Smith' Säbelrasseln so: »Was wird es dir nützen, mit Gewalt zu nehmen, was du ungesäumt durch Liebe haben kannst, oder die zu vernichten, die dir Essen liefern? Was kannst du mit Krieg erreichen, wenn wir unsere Vorräte verstecken und in die Wälder fliehen können? Dadurch müßt ihr verhungern, wenn ihr euren Freunden Unrecht tut ... Mein Land ist groß genug, um von dir wegzuziehen.« In der Tat, würden die Powhatan-Leute mit ihren Nahrungsmitteln westwärts in die Wälder flüchten und damit ihren passiven Widerstand verschärfen, so wäre dies das Ende der Lebensgrundlage der Kolonie.

Powhatan ahnte nicht, daß er hier zum ersten Mal im Ansatz vordachte, was sich für spätere Generationen nordamerikanischer Indianervölker in bitterer Weise verwirklichen sollte: westwärts getrieben zu werden von den sich unermüdlich ins Land ergießenden Immigrantenwellen; nach Westen zu fliehen, bis der Riesenkontinent nicht mehr ausreichte. Diese späteren indianischen Wanderungen hatten freilich kaum noch etwas mit passivem Widerstand zu tun, der dem Eindringling die Lebensgrundlage entziehen sollte. Sie waren das schlichte Weichen vor einer übermächtigen Flut, vor einer der größten Massenmigrationen der Menschheitsgeschichte.

Gespenstisch war, was in den Stunden nach dem diplomatischen Gespräch heimlich geschah. Während »zwei oder drei« von Powhatans Frauen dem ahnungslosen Smith im Langhaus normalen Tageslauf vorgaukelten, verschwand Powhatan lautlos. Mit Gepäck, seinen übrigen Frauen und den Kindern glitt der Chief der Chiefs nordwestwärts den York und die Schleifen des Pamunkey River hinauf. Das Häuptlingsdorf Orapaks am Oberlauf des Chickahominy – etwa 50 Kilometer Luftlinie von Werowocómoco entfernt – schien sein Ziel zu sein; der Rest des Wegs führte über dicht bewaldetes Land. Orapaks war der Ort, der den Engländern als Ziel des heimlichen Rückzugs später zu Ohren kam. Ob Powhatan sich wirklich bis dorthin entfernte, sei dahingestellt. Wollte der Chief der Chiefs dem verdutzten Captain Smith einen heilsamen Schock versetzen, seinem drohenden Wort mit Fakten Nachdruck verleihen?

Noch gespenstischer verlief eine der folgenden Nächte. Das Verladen des Maises zog sich hin; die Schiffe konnten wegen Ebbe und Eises nicht auslaufen. Smith und acht Männer bereiteten sich darauf vor, zu Lande zu nächtigen. Wie es der Captain verstand, plante Powhatan zu dieser Zeit einen Überraschungsangriff auf den Engländer. Allerdings stellt sich die Frage, ob Smith nicht wieder einmal den Kern der Situation verkannte. Das Folgende beschreibt er in seinen Publikationen zweimal:

Als Powhatan »versuchte, mich mit seiner besten Politik

und Macht zu überraschen..., konnte die finstere Nacht sie (Pocahontas) nicht abschrecken, durch die beschwerlichen Wälder zu kommen. Und mit Tränen in den Augen gab sie mir Kunde mit ihrem besten Rat, vor seinem Zorn zu entfliehen. Hätte er das gewußt, hätte er sie sicher getötet.« So lautete die Passage in dem Empfehlungsbrief, den Smith 1616 für Pocahontas anläßlich ihres Europa-Besuchs an Queen Anne schrieb. Freilich liegt von dem Brief nur das vor, was Smith 1624 in seiner *Generall Historie* daraus zu veröffentlichen vorgibt.

In der Zweitversion liest sich die Episode so: »Seine Tochter Pocahontas, sein liebster Juwel, kam in jener finsteren Nacht durch die beschwerlichen Wälder und erzählte unserem Captain: Großes Festessen sollte uns... geschickt werden. Aber Powhatan und alle aufbietbare Streitmacht würden danach kommen und uns alle töten... Sie wünschte, daß wir uns sofort davonmachten. Solche Dinge, an denen sie sich normalerweise freute, hätte (Smith) ihr zum Geschenk gegeben. Aber mit über die Wangen laufenden Tränen sagte sie, sie wagte nicht, mit irgendwelchen (Geschenken) gesehen zu werden. Denn wenn Powhatan es erführe, wäre sie tot. Und so rannte sie davon – alleine, wie sie gekommen war.« (Smith, 1624)

Tatsächlich brachten »acht oder zehn kräftige Burschen« herrliche Speiseplatten zum Nachtessen herein. Auch ließen sich seit geraumer Zeit zahlreiche Krieger im Dorf blicken; sie waren zu mehr als nur zur Defensive fähig, zu mehr als nur zum Sichern der Maisvorräte des Dorfes. Bereits am Vortag war der Captain mit einigen von ihnen in einem Geplänkel aneinandergeraten. Sie signalisierten Kampfbereitschaft. Doch nichts geschah, obwohl der Captain nervös seine Schießeisen parat hielt und gegen den Schlaf ankämpfte. Als mitten in der Nacht die Flut endlich stieg, entschwand er schleunigst mit seinen Schiffen. Der vermeintlichen Gefahr war er entronnen.

Aber wußten die Powhatan-Leute nicht, wann die Flut kam und daß vorher anzugreifen gewesen wäre, wenn sie dies ernsthaft geplant hätten? Viele Indizien sprechen dafür, daß der alte Fuchs Powhatan dem Captain diesmal eine Posse vorgespielt hatte, um ihm einen gehörigen Schrecken einzujagen, den Ernst der gesprochenen Worte zu bekräftigen und so die Leermägen auf Nimmerwiedersehen aus dem Lande zu scheuchen. Sicher, es wäre raffiniert gewesen, den Gegner nicht in seinem schützenden Fort, sondern im indianischen Dorf zu überraschen, nachdem Kinder und Frauen von dort evakuiert worden waren. Aber war es sinnvoll, einen Überfall von einem 50 Kilometer entfernten Ort aus zu planen? Ist es denkbar, daß ein dreizehn- oder vierzehnjähriges Mädchen diese Strecke nachts allein bewältigte, noch dazu durch dichten nächtlichen Winterwald? Beverley berichtete 1705, daß selbst bewaffnete Jäger in Virginia des Nachts nie ohne »ihre großen Hunde« sich draußen bewegten »wegen Wölfen, Bären, Panthern, Wildkatzen und allen anderen Raubtieren«. Ist es denkbar, daß eine knapp Vierzehnjährige – wenn sie denn kein Teenager einer individualistischen westlichen Kultur war – so mit ihrer Loyalität gegenüber dem eigenen Volk und dem Häuptlingsvater brach? Waren es wirklich Neugier und Sympathie für die exotische europäische Welt, die Pocahontas zu ihrem nächtlichen »Verrat« trieben? War es die Sehnsucht, den Sprung von der Stein- in die Neuzeit zu wagen, wie einige Biographen vermuten? Oder war es etwas anderes?

Bislang war Pocahontas immer nur als Instrument ihres Vaters in den komplizierten Beziehungen zu den Weißen in Erscheinung getreten. Er hatte sie als geschicktes diplomatisches Mittel eingesetzt. Sie mag mit dem Herzen bei ihren Hilfsmissionen dabeigewesen sein. Aber vom Vater unabhängiges Wollen war ihr nicht nachzuweisen gewesen, auch nicht bei jener Scheinexekution und Adoption ein Jahr zuvor.

Es steht zu vermuten, daß Pocahontas auch dieses Mal eine ihr vom Vater zugedachte Rolle spielte. Vielleicht betrübt, vielleicht traurigen Herzens, daß zu solchen Mitteln gegriffen werden mußte und daß das anfänglich ersprießliche Umgehen mit den Weißen zum gefährlichen Spiel mit einem wachsenden Moloch geworden war, der ihr Volk und Land zu verschlingen drohte.

War es die alte Prophetie, die Powhatan zur List greifen ließ statt zum Pfeil und zum Beil? War es dieses alte unheilvolle Geraune, das ihn, den alten Kämpfer, vor der Schlacht mit den Weißen zurückscheuen ließ, so daß er gerade nicht vor der nächtlichen Flut mit Hundertschaften angriff, sondern den Captain mitsamt seinen zahlenmäßig hoffnungslos unterlegenen Männern entweichen ließ? Pocahontas' Aufgabe war, dem Engländer die Illusion zu vermitteln, nicht aufgrund der Scheu Powhatans vor militärischer Begegnung, sondern aufgrund eines »Verrates« der Tochter entkommen zu sein. Einerseits gaukelte Powhatans Posse durch das Abziehen von Frauen und Kindern, durch das Postieren von Kriegern im Dorf und durch Pocahontas' »Warnung« vor einer angeblich bevorstehenden Attacke den entschlossenen Kampfeswillen der Konföderation vor. Andererseits führte sie vor Augen, daß mit Powhatans Rückzugsdrohung in die Wälder nicht zu spaßen war.

Die listige Inszenierung des verblüffenden Abzugs mit Kind und Kegel und des überraschenden Nachtbesuchs der Pocahontas war ein Warnen durch die Tat, nicht nur durchs Wort. Sie unterstrich den bitteren Ernst der Frage Powhatans »Wann geht ihr endlich?«. Nie mehr sollte der Chief den Captain zum Gespräch empfangen. Die beiden Männer sahen sich nie wieder.

Der vermeintlichen Gefahr entronnen, steuerte Smith nicht sofort ins Fort zurück, sondern flußaufwärts. Der Hunger seiner Siedler trieb ihn, es nochmals mit Tauschhandel zu versuchen. Smith und Percy bewegten sich im Pamunkey-Gebiet, das von Powhatans Bruder Opechancanough beherrscht wurde, einem Falken innerhalb der Konföderation. Im Nu sahen sie sich Hunderten von Kriegern gegenüber. Um einer Schlacht aus dem Wege zu gehen, forderte Smith den Häuptling zu einem waffenlosen Zweikampf auf: Der Sieger sollte entscheiden, wieviel Kupfer oder Mais der Verlierer zu zahlen habe. Doch Opechancanough hielt nichts von chevaleresken Duellforderungen europäischen Stils. Die englischen Herren vergaßen daraufhin ihre Courtoisie und nahmen den Häuptling kaltblütig als Geisel. Smith packte Opechancanough »bei dem langen Haarbüschel auf seinem Kopf. Mit meiner Pistole auf seiner Brust führte ich ihn vor seine größten Streitkräfte. Und bevor wir uns trennten, veranlaßte ich ihn, unseren Lastkahn mit zwanzig Tonnen Mais zu befrachten.« Wenigstens mit Erpressung war der Bauch noch zu füllen.

Im Pamunkey-Gebiet erreichte Smith und Percy eine Hiobsbotschaft, die sie nach Jamestown zurückzusegeln zwang: Elf Männer waren im James River ertrunken. Der Bote, Richard Wiffin, war zunächst nach Werowocómoco geeilt, wo er »Kriegsvorbereitung« erspäht hatte. Seinem Bericht zufolge verdankte er es Pocahontas, daß er weiter bis zu Smith und Percy vorgedrungen war: »Pocahontas versteckte ihn für eine Weile und schickte seine Verfolger geradewegs in die entgegengesetzte Richtung.« (Smith)

Ein erneuter »Verrat« der Powhatan-Tochter? Wiederum schleicht sich begründeter Argwohn über ihre Rolle ein. Bei dem selbst über große Distanzen effektiven Nachrichtensystem Powhatans wäre es ein leichtes gewesen, einen Kurier abzufangen, der Jamestown verließ und sich Werowocómoco näherte. Besonders wenn Powhatan ernsthafte Kriegspfad-Absichten gehegt hätte, wären Jamestown und die Kommunikation des Forts mit seinem Führer Smith aufmerksam überwacht worden. Doch wer den

John Smith nimmt 1609 den Pamunkey-Häuptling Opechancanough als Geisel.
Die Linke ergreift dessen Haar, die Rechte hält eine Pistole.

englischen Kurier in Werowocómoco abfing, war nicht
etwa ein Krieger, sondern die Powhatan-Tochter – als hätte
sie auf den Ankömmling gewartet! Wie sonst wäre das
Zusammentreffen zwischen Pocahontas und Wiffin zu er-

klären, soll nicht der Zufall bemüht werden? Die Prinzessin kam den Verfolgern merkwürdigerweise zuvor. Sie schickte die Häscher zudem in die falsche Richtung, obwohl diese genau wußten, daß Smith und Percy weiter flußaufwärts im Pamunkey-Gebiet zu finden waren.

Hatte Powhatan nochmals eine List inszeniert? Dafür spricht einiges. Der hochwillkommene Unheilsbote mußte unbedingt zu Smith und Percy durchgelassen werden, damit diese ihre erpresserischen Versuche, bei verschiedenen Stämmen das Lebensmittelembargo aufzubrechen, einstellten, sofort nach Jamestown zurückkehrten und zermürbt bald Richtung England verschwanden. Doch den Kurier passieren zu lassen, hätte bedeutet, Lücken in der militärischen Sicherung einzugestehen. Das durfte nicht sein. Ein Dilemma! Wie ließ sich das Problem regeln? Für Powhatan hieß die Lösung noch einmal »Pocahontas«. Durch einen neuerlichen »Verrat« der Prinzessin gelangte einerseits der Bote unbehelligt zu Smith. Andererseits verlor die Konföderation nicht ihr militärisches Gesicht, denn gegen den Verrat von Frauen ist selbst die beste Kriegsmaschinerie nicht gefeit. Ohne Smith die willkommene Hiobsbotschaft vorenthalten zu müssen, konnte Powhatan bei dieser listenreichen Lösung Stärke signalisieren. Nicht von ungefähr ließ er den englischen Kurier in Werowocómoco »Kriegsvorbereitung« erblicken.

Daß das Mädchen Pocahontas sich künftig nicht mehr um die Kolonie und ihr Wohlergehen kümmerte, bedarf nach dieser Interpretation der Ereignisse kaum noch des Erwähnens. Den Captain Smith sah sie auf Virginias Boden nie wieder. Bis zu seiner Abreise wurden nicht einmal mehr Nachrichten zwischen den beiden ausgetauscht. Auch dies sind Indizien, daß ihr doppelter »Verrat« kein echter war. Sie hatte nicht die Seite gewechselt. Sie unternahm keine weiteren heimlichen Hilfsaktionen, die den ersten Doppelverrat als solchen glaubhaft gemacht hätten. Erst nach mehr als vier Jahren sollte sie wieder die Bühne betreten, dann als junge achtzehnjährige Frau.

Auf sich allein gestellt, ließ die Kolonie sich gleichwohl nicht schrecken. Mit mehr erpreßten als erhandelten Maisladungen rettete sich das Fort über die letzten Winterwochen. Ein Süßwasserbrunnen wurde im Fortbereich gegraben – endlich, knapp zwei Jahre nach der Gründung Jamestowns. Die Siedler eigneten sich Fischfang- und Pflanztechniken der Einheimischen an; beim kombinierten indianischen Mais- und Bohnenanbau diente der Maiskolben zugleich als Bohnenstange! Neue Feldflächen wurden urbar gemacht. Zur Fleischversorgung waren Schweine auf einer nahen Flußinsel ausgesetzt worden, die deshalb »Hog Island« (Schweineinsel) getauft wurde. »Drei Sauen mehrten sich in achtzehn Monaten zu mehr als sechzig Schweinen... Und fast fünfhundert Hühner wuchsen von selbst ohne Pflege heran.«

Im April 1609 kam indes ein neues Problem auf die Kolonie zu. Die Hälfte des Maisvorrates im Lagerhaus war verrottet oder von Ratten aufgefressen worden. Smith schaffte Abhilfe mit einer – wiederum indianischen – Überlebenstechnik: Die Siedler wurden in verschiedene Gruppen aufgeteilt, die allein sich durchzuschlagen hatten. Die einen wurden zum Fischen weggeschickt, die anderen zum Austernsammeln flußabwärts, wieder andere zum Leben in freundlich gesonnenen Indianerdörfern. Auch dies war noch möglich in dem zerbrechlichen Verhältnis zwischen Weiß und Rot, in dem sich Vertreter beider Seiten immer wieder zu sporadischen Gewaltakten hinreißen ließen.

Anfang Juli 1609 segelte Captain Samuel Argall nach einer Rekord-Atlantiküberquerung von neuneinhalb Wochen mit neuen Vorräten heran. Weniger glücklich gestaltete sich die Ankunft der dritten Nachschub-Flottille der Virginia

Company im August. Der Konvoi war in einem Hurrikan zersplittert worden, das Flaggschiff verschollen. Noch schlimmer, die rund dreihundert halbtoten Ankömmlinge auf den einlaufenden Schiffen waren wiederum Taugenichtse und Renegaten. Fast fünfhundert Mäuler zu stopfen, reichten die Mittel nicht. Hungersnot drohte, schon wieder! Smith teilte erneut in Gruppen. Er organisierte zwei Ableger-Kolonien, die von George Percy, Captain Martin und Francis West befehligt wurden. Die eine lag flußabwärts im Nansemond-Gebiet, die andere flußaufwärts an den Stromschnellen, wo Tanx-Powhatan ein komplettes Indianerdorf für die Siedler räumte. Er erhoffte sich Verstärkung gegen die feindlichen Monacan-Nachbarn, wurde jedoch bald enttäuscht. Die Führer der beiden Subkolonien zeigten so wenig Fingerspitzengefühl im Umgang mit den Einheimischen, daß sich bald wieder lokale Gewaltspiralen drehten.

Zu allem Überfluß schürten angereiste Erzfeinde John Smith', darunter der von ihm gehaßte Ratcliffe, neuen Unwillen im Fort. Der Führungsanspruch des Captains wurde bestritten. Obendrein verunglückte Smith auf einer Expedition flußaufwärts. Im September 1609 kehrte er mit einer riesigen Fleischwunde im Schenkel nach Jamestown zurück. Seine Verletzung war ein willkommener Anlaß, ihn aus dem Weg zu schaffen und nach London »zur angemessenen medizinischen Versorgung« zu expedieren. George Percy rückte – ohne glückliche Hand – zum Council-Vorsitzenden auf.

Für Smith war die Abreise aus Virginia ein Abschied auf Nimmerwiedersehen. Seine Anhänger sangen ihm Lob nach. Seine Feinde warfen ihm Dreck hinterher, unter anderem die haltlose Verleumdung, Smith habe sich durch eine angestrebte Heirat mit Pocahontas zu einem König in der Powhatan-Konföderation aufzuschwingen versucht. Die Prinzessin stand mitnichten in irgendeiner Sukzessionslinie. Zwei Smith-Freunde schrieben 1612 zu seiner Verteidi-

gung: »Heirat mit ihr hätte ihm keineswegs irgendein An-
recht auf das Königtum geben können. Noch auch wurde
jemals (vorher) geargwöhnt, daß er je einen solchen Gedanken hegte ... Hätte er es getan, würde er sie geheiratet haben
oder gemacht haben, was er wünschte, denn niemand hätte
seine Entschlossenheit bremsen können.« (in Smith, 1612)

Vielleicht noch übler war die von Smith' Gegnern ins
indianische Lager gestreute Nachrede, der Captain sei nicht
nur verletzt, sondern tot. So mußten die Einheimischen alle
Hoffnung auf einen Unterhändler begraben, der sich – bei
aller Zwiespältigkeit der Beziehungen – mehr Sympathien
bei ihnen erworben hatte als alle anderen englischen Herren
zusammen.

John Smith' Publikationen daheim halfen, die Kolonisie-
rung Virginias weiter ins Rampenlicht des öffentlichen In-
teresses zu rücken und immer wieder neue Siedler zu rekru-
tieren. Sein Bericht *A True Relation of ... Virginia Since the
First Planting of That Colony*, den er noch in Virginia verfaßt
hatte, war im Juni 1608 von Kapitän Nelson als Manuskript
nach London geschafft und dort in einer verlegerischen
Leistung von nur zweieinhalb Monaten veröffentlicht worden. Später erschienen unter anderem seine *Generall Historie
of Virginia* (1624) und *The True Travels, Adventures, and
Observations of Captaine John Smith* (1630). Er starb 1631.

Das Jahr 1609 stellte nicht nur durch die Abreise des Captains einen Einschnitt in der Entwicklung der Kolonie dar.
In London hatte das Ausbleiben der erhofften Rendite einen
Umdenkungsprozeß eingeleitet, der bereits im selben Jahr
zu einer Verfassungsänderung der Virginia Company
führte. Die Gesellschaft privater Investoren wurde in eine
öffentliche Korporation umgewandelt. Es war deutlich geworden, daß zunächst sehr viel mehr Geld, als ursprünglich
geplant, in das Überseeunternehmen investiert werden
mußte, bevor irgendwelche Profite in Form von Rohstof-

fen oder Ernten gen Osten zurückfließen konnten. Teilhaberschaften, nun öffentlich zum Verkauf angeboten, stießen massenweise auf Kaufinteresse: im Adel, in der Kirche, in der Wirtschaft, bei Oliver Cromwell ebenso wie beim Erzbischof von Canterbury. Die Kolonisation Virginias avancierte zum nationalen Anliegen, und die Kapitalgrundlage der Korporation wuchs.

Neben Geld bedurfte es größerer Zahlen Auswanderungswilliger, um die Kolonie auf stabilere Beine zu stellen. Werbeprospekte wurden gedruckt, die »höchst exzellente Früchte durch Pflanzen« in »Nova Britannia« versprachen. Auf den Kanzeln und Bühnen wurde für Virginia als neuer Heimat geworben.

Aus den Führungsstreitigkeiten, die die Jamestown-Kolonie in den beiden Anfangsjahren wiederholt geschüttelt hatten und denen John Smith am Ende zum Opfer gefallen war, wurde insofern gelernt, als die neue Verfassung künftig einen allmächtigen Gouverneur vorsah, der in Virginia die Zügel in der Hand halten sollte. Das vorher existierende Gremium von Räten, das Council, in dem Wingfield, Ratcliffe, Smith und Percy nacheinander den Vorsitz geführt hatten, sollte seiner bisherigen Vollmachten beraubt und zu einem Beirat des Gouverneurs degradiert werden. Thomas West Lord Delaware, der die dritte Nachschub-Flottille vom Sommer 1609 organisiert hatte, wurde zum ersten Gouverneur bestellt. Er traf im Frühsommer 1610 mit einem kleinen Schiffsverband in Virginia ein.

Nova Britannia:

OFFERING MOST

Excellent fruites by Planting in
Virginia.

Exciting all such as be well affected
to further the same.

London
Printed for Samvel Macham, and are to be sold at
his Shop in Pauls Church-yard, at the
Signe of the Bul-head.
1609.

*In London wurden Werbebroschüren gedruckt, um Kolonisten nach Jamestown zu
locken. Hier ein Exemplar von 1609.*

5

Droht gleich die See, sie ist doch mild

Die Bermuda-Episode und der Geist Old Englands

Im September 1610 erreichten England Berichte, nach denen mehrere Passagiere und Segler der »Sea Venture« wundersam überlebt hatten. Das Flaggschiff der dritten, von Lord Delaware organisierten Nachschub-Mission war im Vorjahr vor den Bermudas im Sturm leckgeschlagen und manövrierunfähig auf ein Riff geworfen worden. »Durch Gottes Providenz lief das Schiff zwischen zwei Felsen fest, so daß es firm stand und nicht sofort zerbarst.« Die Aufzeichnungen der Überlebenden inspirierten keinen Geringeren als Shakespeare, sein Stück *The Tempest* (*Der Sturm*) zu schreiben, das 1611 am Hof uraufgeführt wurde.

Die Gestrandeten sahen die Vorsehung hinter dem Sturm, dem Schiffbruch und ihrer Rettung am Werk: Dank Gottes Providenz waren sie durch die lebensspendende Inselwelt der Bermudas gerettet worden. Vorher nie angesteuert, galten diese unter Seefahrern als von Teufeln bewohnt; durch das Schiffsunglück jedoch waren sie in ihrer verschwenderischen Naturschönheit zum Nutzen der Menschheit entdeckt worden. »Es gefiel Gott aus seiner höchst gnädigen und barmherzigen Providenz, unser Schiff, das der Gnade der See ausgeliefert war, zu seinem größten Vorteil zu lenken und zu führen ... Es gefiel unserem gnädigen Gott, sogar diesen grauenhaften und gehaßten Ort zum Schauplatz unserer Bergung und zum Mittel unserer Errettung zu machen.«

»Wir fanden die Luft dort so temperiert und das Land so überaus fruchtreich.« Zwei Schiffe zur Weiterreise zimmernd und das Frühjahr abwartend, »wurden wir dort für die Spanne von neun Monaten ... nicht nur erfrischt, gestärkt und mit guter Sattheit befriedigt. Vielmehr wurde uns auch aus dem Überfluß davon ein vernünftig Maß und Anteil Proviant zuteil, um uns nach Virginia zu tragen sowie uns und der Gruppe, die wir dort vorfanden, Unterhalt zu bieten ... Meine ehrliche Meinung über dieses Eiland ist, daß es – wiewohl es für den gefährlichsten, unglücklichsten und verlassensten Ort der Welt gehalten wurde und wird – das in Wahrheit reichste, gesündeste und angenehmste Land ist, auf das der Mensch je den Fuß setzte.« (Sylvester Jourdain, 1610)

Verlieren, um Größeres zu gewinnen. Dieses Motto der Überlebenden-Berichte reizte Shakespeare. Aus solchem Stoff sind Tragikomödien gewebt. Schon die Schiffbrüchigen selber charakterisierten ihr Erlebnis als eine »tragische Komödie«, die vom Paradoxen lebt. »Diese unglücklichen, doch glücklichen Inseln« nannten sie den Ort ihrer Rettung. Shakespeare spielte in *The Tempest* mit Formulierungen wie »Droht gleich die See, sie ist doch mild«.

Von Vorsehung wundersam geführt – so verstanden sich viele Entdecker und Kolonisten dieser Zeit. »Nicht (an) Ariadnes Faden, sondern (auf) der direkten Linie der Providenz Gottes«, wie 1610 in Jamestown der Beirat des Gouverneurs formulierte. Sir Walter Raleigh schrieb in denselben Jahren im Londoner Tower an seiner *Geschichte der Welt* (1614), die göttliche Providenz hinter der Weltgeschichte seit Anbeginn der Schöpfung nachzuweisen suchte. Das historisch Faktische als gottgewollt zu interpretieren, hinter dem Verlust die Möglichkeit des Gewinnes zu erhoffen, dies charakterisiert den Geist vieler früher Kolonisten und erklärt nicht selten ihr – zuweilen auch skrupelloses – Handeln.

An der Bermuda-Episode reizte Shakespeare auch noch ein anderes Thema: das Erleben unberührter Natur. Staunend erzählten die Schiffbrüchigen, wie einige Seevögel, die nie Menschen gesehen, sich durch Pfeifen oder Nachahmen ihrer Laute so nahe an die Eindringlinge heranlocken ließen, daß sie mit Händen eingefangen werden konnten. Die Überlebenden berichteten von den verschwenderischen Geschenken der Natur, von »Wildschweinen und Vögeln und Fisch« und Holz, das sie Boote zur Weiterfahrt bauen ließ.

Seit der Entdeckung der Neuen Welt bewegte die europäischen Gemüter die Frage: Ist die Natur der Kunst nicht überlegen, der Mensch in der Natur nicht nobler als der in Kultur? In *The Tempest* läßt Shakespeare – in paradoxer Manier – einerseits die Miranda die reine Unschuld der Natur verkörpern, andererseits den Caliban, triebgesteuert und monströs, die dunkle Seite der Natur vertreten. Einer naiven Idealisierung der Natur war so gewehrt. Was Shakespeare in seinem letzten Werk interessierte, war das facettenreiche Wechselspiel zwischen Natur und Kunst.

Nicht alle Autoren dachten so differenziert. Bevor Shakespeare *The Tempest*, speziell Gonzalos Programm des idealen Commonwealth, verfaßte, las er den Essay »Von den Kannibalen«, in dem Michel de Montaigne die amerikanischen Indianer pries und so das Ideal des edlen Wilden zu errichten half: Nichts am indianischen Volk ist »barbarisch oder wild«. Religion, Politik und »Gebrauch aller Dinge« sind »perfekt«.

Sie sind … »wild«, wie wir jene Früchte »wild« nennen, welche die Natur aus sich selbst und aus ihrem gewöhnlichen Fortgang produziert … Die sollten wir eher »Wilde« nennen, welche wir selber durch unsere künstlichen Mittel veränderten und abbrachten von ihrer Ordnung…, indem wir sie an das Vergnügen unseres korrupten Geschmacks heranführten... In jenen sind die wahren und nützlichsten Tugenden und natürlichen Besitztümer... Es besteht kein Grund, der Kunst die Ehre unserer großen und mächtigen Mutter Natur zukommen zu lassen. Durch unsere Erfindungen haben wir so sehr die Schönheiten und Reichtümer ihrer Werke mit Ballast beladen, daß wir sie [die Natur]... stranguliert haben. Doch wo immer ihre Reinheit erstrahlt, beschämt sie unsere eitlen und frivolen Unternehmungen... Was wir in jenen [indianischen] Völkern erfahren, übertrifft alle Bilder, mit denen [Poeten und Philosophen einst] das Goldene Zeitalter schmückten.

Solche auf die steinzeitlichen Stämme Nordamerikas projizierte europäische Kultur- und Selbstkritik war wenig dazu angetan, etwas über das Leben der Steinzeitkultur selber auszusagen, geschweige denn Hilfe für den Umgang mit ihr zu geben. Aus den Köpfen der Virginia-Kolonisten vor Ort wird das Ideal des edlen Wilden schnell verraucht sein. Präsent war es dagegen in der englischen Society jenseits des Ozeans. Dort wurde es gepflegt; dort interessierten sich differenziertere Geister auch für die Wechselwirkungen zwischen ursprünglicher Natur und »künstlicher« Kultur, wie sie Shakespeare in *The Tempest* auf der Bühne vorspielen ließ. Dieses geistesgeschichtliche Klima in Europa wird einen Teil des Erfolgs der Prinzessin Pocahontas am Hof Jacobs I. und in der englischen Gesellschaft während ihres Europa-Besuches 1616/1617 erklären.

Freilich, der Hauptgrund, aus dem die Bermuda-Episode wichtig für Pocahontas werden sollte, lag in anderem beschlossen: Mit einem der überlebenden Schiffbrüchigen, mit dem vierundzwanzigjährigen John Rolfe, sollte die heidnische Indianerin später eine christliche Ehe eingehen.

6

Der Wind spielt nicht mit

Rettung der Kolonie in letzter Minute

Was die Überlebenden der »Sea Venture« – neben John Rolfe auch der zukünftige Vize-Gouverneur der Kolonie, Thomas Gates – im Spätmai 1610 nach zweiwöchiger Bootsfahrt von den Bermudas nach Virginia in Jamestown vorfanden, war trostlos: ein Häuflein von etwa sechzig hohlwangigen Gestalten. Weit über vierhundert Kolonisten waren von dem Hungerwinter 1609/10 hinweggerafft und in Massengräbern verscharrt worden. An Vorratswirtschaft in Jamestown selber hatte es nicht gemangelt. Die Herren der Virginia Company am grünen Tisch in London waren der Fehlplanung zu zeihen: Die zusätzlichen rund dreihundert Mäuler des letzten Nachschubs vom August 1609 hatten die Nahrungsmittelreserven der Kolonie zu Beginn des Winters schnell erschöpft. Ohne Smith' Führungsqualitäten war zudem Disziplinlosigkeit eingerissen. Und die Beziehungen der entnervten Engländer zu den Einheimischen hatten noch frostigere Temperaturen angenommen. Isolierte Siedlergruppen, Boote auf dem Fluß waren angegriffen, die Nansemond-Kolonie flußabwärts überwältigt und der Verkauf von Lebensmitteln verweigert worden. Als ein Trupp von etwa dreißig Kolonisten Essen durch Tauschhandel hatte eintreiben wollen, waren alle massakriert worden. Wer außerhalb des Forts durchs Land streifte, war seines Lebens nicht sicher. Nicht nur Embargo, sondern nunmehr auch aktiver Widerstand und Attacken – so hatte seit der Abreise von John Smith die neue Powhatan-Politik ausgesehen. Überdies hatten Krankheiten im Fort gewütet. Wer noch imstande gewesen war, von seinem Lager durch die unbewachten Palisaden-Tore nach draußen zu kriechen, hatte nach Wurzeln gescharrt oder Schlangen gefressen. Sogar von Kannibalismus wurde hinter vorgehaltener Hand geflüstert.

Ungläubig starrten die Überlebenden am 23. Mai 1610 die beiden selbstgebauten Segler an, die sich dem Fort näherten. Waren es Gespenster, die den Booten entstiegen? Längst Totgeglaubte? Die Überlebenden reichten den Überlebenden die Hand.

Der zukünftige Vize-Gouverneur Thomas Gates nahm die katastrophale Lage der Kolonie in Augenschein, ließ sich von den indianischen Attacken, dem Handelsembargo erzählen und entschied, am 7. Juni die Segel zu setzen – Richtung England. Das Aus der Kolonie war gekommen! Powhatan war am Ziel. So schien es. Doch der Wind spielte nicht mit. Schon in der nächsten Nacht dümpelten die reparierten Boote nur ein paar Meilen flußabwärts vor Anker. Am drauffolgenden Tag wurde im Osten ein Segel gesichtet. Was dort näher herankam, war ein Vorausboot: Es annoncierte die Ankunft dreier gut ausgerüsteter Schiffe mit dem neuen Gouverneur, Lord Delaware, an Bord. Ein neues Kapitel der »von Providenz gelenkten« Geschichte begann.

7

Nicotiana Tabacum

Ein Pflanzer und sein Hobby

Am 10. Juni 1610 setzte Lord Delaware seinen Fuß an Land. Die neue Verfassung von 1609 wurde in Kraft gesetzt. Neue Disziplin hielt Einzug. Täglich um 10 Uhr morgens und 4 Uhr nachmittags wurde zum Gebet geläutet. Auch die Gentlemen, die »keinen Spaten handhaben und mit keiner Axt umgehen« konnten, mußten in die Hände spucken. Befestigungen sollten repariert, in Jamestown neue Häuser gebaut werden – einige nach indianischem Modell mit ventilierenden Matten an den Seiten. Lord Delaware erkrankte und kehrte im März 1611 nach England zurück. Doch der im Mai 1611 angereiste Sir Thomas Dale und der im Spätsommer 1612 zurückgekehrte Sir Thomas Gates, die als »Marshal« (Polizeichef) und als amtierender Gouverneur das Regiment übernahmen, ließen sich nicht aus dem Tritt des Lords bringen. Als alte Soldaten verstanden sie es, die Grenzen der Kolonie über die Palisaden Jamestowns hinaus zu erweitern. Dale ließ indianische Siedlungen am James River brutal überfallen. Mit dem Ziel, die gesamte Halbinsel zwischen James und York River unter englische Kontrolle zu zwingen, plante er flußaufwärts mehrere neue Forts. »Ich sollte auf diese Weise den raffinierten, verderblichen Großen Powhatan in die Knie zwingen können, um ihm entweder keinen Raum in seinem Land zu lassen ... oder ihn in eine feste Zusammenarbeit mit uns zu ziehen«, schrieb Dale nach London. Die von ihm 1611 in Rekordzeit errichtete Niederlassung Henrico sollte später für Pocahontas eine entscheidende Rolle spielen.

Trotz des indianischen Handelsembargos wich unter dem militärischen Regime auch das Hungergespenst. Auf Lebensmitteldiebstahl stand das Abschneiden der Ohren! Alle verfügbaren Kräfte der Kolonie wurden zur Arbeit in den Pflanzungen getrieben. Der Stamm der Patawamake an der Nordgrenze der Konföderation unterlief zudem das Embargo und lieferte 1611/12 anderthalbtausend Scheffel Mais.

Prosperität größeren Stils freilich zog nicht durch Politiker- oder Soldatenverstand in die Kolonie ein, sondern durch einen jungen und intelligenten Hobby-Botaniker. Dieser las nicht nur eifrig die Bibel und »Mr. Calvin's« *Institutio* oder streute lateinische Wendungen in seine Briefe mit ein. Er hielt auch sonst die Ohren und Augen offen. Von den Einheimischen wußte er, daß sie ihren Wildtabak (*Nicotiana Rustica*) bei Zeremonien in die Winde verstreuten oder ihn mit Rinden, Ölen und Kräutern mischten und diese Mixtur (*kinnik-kinnik*) rauchten. Neugierig wie er war, stopfte er eine Pfeife mit diesem Kraut, fand es aber zu streng und scharf. Der europäische Geschmack hatte sich an den von den Spaniern aus der Karibik importierten Tabak gewöhnt, der in England seit 1586 durch Sir Walter Raleigh gesellschaftsfähig geworden war. Gleichwohl baute der junge Mann für seinen Hausgebrauch ein paar dieser Wildtabakpflanzen an mit dem Ziel, sie zu veredeln. Auf irgendeine Weise hatte er 1611/12 darüber hinaus einige kostbare Samen der karibischen breitblättrigen Tabakpflanze (*Nicotiana Tabacum*) ergattert; in der Karibik wurde dieses Kraut bereits seit 1531 von spanischen Siedlern angebaut, die eifersüchtig über ihr Monopol wachten. In seinem Garten experimentierte der junge Mann vor sich hin. Und siehe da: Das mildere Karibik-Blatt gedieh im Klima Virginias! Im Juni 1613 schickte der junge Pflanzer eine erste Ernte nach England. »John Rolfe« stand als Absender auf der Ladung.

John Rolfes Kraut sollte zum Riesenerfolg für die Kolonie werden – zum Pfeiler ihrer gesamten Ökonomie. Bereits 1615 verschiffte eine Reihe von Virginia-Pflanzern insgesamt 2300 Pounds Tabak nach England. Noch mehr folgte im Jahr darauf.

8

Geisel, Geliebte, Getaufte
Ein Eheschluß mit politischen Folgen

Den Chief Powhatan und seine Tochter hatten die Europäer seit jenen gespenstischen Januartagen des Jahres 1609 nicht wieder zu Gesicht bekommen. Bis zum Herbst 1608, während der ersten anderthalb Jahre der Kolonie, hatte Powhatan noch vergeblich versucht, die damals nicht einmal hundertfünfzig zählenden Fremden friedlich in sein Kultursystem zu absorbieren. Seit Oktober 1608 war der passive Widerstand in der Konföderation ausgerufen worden, seit Ende 1609 auch der aktive. Powhatan ließ nur noch indirekt von sich hören. Seine Tochter Pocahontas traf erst wieder im Frühling 1613 mit Europäern zusammen.

Sie hatte in der Zwischenzeit geheiratet. Einen Mann aus dem eigenen Volk hatte sie um 1610 in seinem Werben erhört. Nichts war für ein Powhatan-Mädchen nach den Riten des Erwachsenwerdens natürlicher als das. Erklärungsbedürftig wäre das Gegenteil. Die Kunde von der Hochzeit war ins englische Lager gedrungen und 1612 von William Strachey festgehalten worden: »Die junge Pocahunta ist jetzt seit etwa zwei Jahren mit einem privaten Häuptling namens *Kocoum* verheiratet.« Ein »privater Häuptling« war kein »großer Häuptling« der Konföderation, wie ihn eine von Pocahontas' jüngeren Schwestern heiratete, sondern jemand auf einer niedrigeren Stufe der Hierarchie, ein Krieger im Offiziersrang, der Glück gehabt hatte, der Tochter des großen Chiefs der Chiefs zu gefallen. Der Schluß ist kaum von der Hand zu weisen, daß die junge Pocahontas eine Liebesheirat eingegangen war. Powhatan-

Mädchen konnten sich verbinden, mit wem sie wollten. Legten Liebhaber ihnen »Vögel, Fisch oder Wild«, »Früchte ihrer Arbeit«, als Zeichen der Verehrung zu Füßen, so »müssen die Eltern den Verehrer zulassen« (Strachey). Der Buhler versprach, seiner Angebeteten Jagdbeute, Kupfer, Perlen und kleidende Hirschhäute in Zukunft immer reichlich angedeihen zu lassen, und überreichte ein »Verlobungsgeschenk«. »Nachdem die Zuneigung wächst und sobald er ihr ein Haus ... und ein paar Schalen, Mörser und Matten beschafft hat« (Strachey), darf er an Hochzeit denken, freilich nicht ohne einen stolzen Preis an die Eltern zu entrichten. Henry Spelman, der 1609 als Geisel indianischen Hochzeiten beiwohnte, berichtet:

> Wenn der vereinbarte Betrag bezahlt ist, wird sie ihm als Frau überbracht... Die Eltern bringen ihre Tochter zwischen sich... dorthin, wo er wohnt. Bei ihrer Ankunft bei ihm nimmt ihr Vater ... eine lange Perlenschnur hervor, mißt sie in der Länge seines Armes ab und bricht sie über den Händen der zu Verheiratenden, während ihre Hände zusammengefügt sind... So gehen sie mit viel Fröhlichkeit und Schmaus zusammen.

Im Jahre 1613 weilte die achtzehnjährige Pocahontas am Rande der Konföderation im Stammesgebiet der Patawamake in der Nähe des heutigen Washington am Potomac River. Ihr Mann, entweder tot oder von ihr geschieden, war zu diesem Zeitpunkt von der Bildfläche verschwunden. Obwohl Eheversprechen heilig waren und Scheidungen verpönt, konnte in seltenen Fällen die Ehe gelöst und neu geheiratet werden, wie Robert Beverley um 1700 bei den Indianern Virginias beobachtete. Von Kindern aus der Ehe mit Kocoum ist nichts bekannt.

Es ist möglich, daß Kocoum ein Patawamake war und Pocahontas sich deshalb 1613 in diesem Stammesgebiet aufhielt. Dazu würde passen, daß der Engländer Henry

Spelman durch Pocahontas' Vermittlung bei den Patawamake 1609 Unterschlupf fand. Spelman war Powhatans eigenem Stamm von den Kolonisten als Geisel übergeben worden, rückte jedoch aus und tauchte länger als ein Jahr bei den Patawamake unter. John Smith will 1624 von einer solchen Vermittlung durch Pocahontas gehört haben. Henry Spelman selber freilich schildert seine Flucht zu den Patawamake, ohne Powhatans Tochter mit einer Silbe zu erwähnen, so daß diese Pocahontas-Tradition auf wackeligen Beinen steht.

Einen anderen plausiblen Grund für Pocahontas' Aufenthalt am Potomac River referiert Ralph Hamor, der Schriftführer der Kolonie. Nach seinem englischen Gewährsmann Ensign Swift, der im Winter und Frühjahr 1612/13 mehrere Monate am Potomac weilte, war Pocahontas in diplomatischer Mission ihres Häuptlingsvaters an der Nordgrenze des Reichs unterwegs, wieder einmal als psychologisch kalkuliertes Mittel des alten Fuchses: Sie leitete eine Delegation, die für Powhatan Tauschhandel am Potomac trieb. In Begleitung der charmanten Prinzessin erzielten Powhatans Kommissionäre gute Preise.

Im April 1613 geschah am Potomac, was Captain Samuel Argall und Ralph Hamor aufzeichneten. Argall spielte selber eine der Hauptrollen in der Geschichte. Bereits im Winter 1610/11 hatte er erfolgreiche Handelsbeziehungen zu den Patawamake geknüpft; im Frühjahr 1613 befuhr er zum dritten Mal den Potomac. Am Nordrand der Konföderation, weit weg von Powhatan, hatte der Stamm der Patawamake das Handelsembargo zum eigenen Nutzen unterlaufen. Besonders mit dem Unterhäuptling Japazaws hatte Argall sich angefreundet. In einem Brief nach London beschrieb er, was sich in der ersten Aprilhälfte des Jahres 1613 am Potomac zutrug:

Mir wurde von gewissen Indianern, meinen Freunden, erzählt, daß ... Pokahuntis beim großen Häuptling [der] Patowomeck war, wohin ich mich sofort begab. Ich beschloß, mit jeder mir möglichen Strategie sie in meine Gewalt zu bringen, um viele Engländer, die Gefangene bei Powhatan waren, freizubekommen; auch um solche Waffen und Werkzeuge, die er und andere Indianer durch Mord und Diebstahl von anderen [Männern] unserer Nation bekommen hatten, zurückzuerhalten – mitsamt einer Menge Maises zur Unterstützung der Kolonie.

Sobald ich also vor der Ortschaft [Pastancie am Potomac] Anker warf, bemannte ich mein Boot und schickte am Ufer nach dem [lokalen] Häupling von Pastancy [namens Japazaws] und nach [dem Engländer] Ensigne Swift, den ich als Pfand unserer Liebe und Waffenruhe auf der vorigen Reise [in Pastancie] zurückgelassen hatte. [Der Häuptling Japazaws] kam sofort und brachte mein Pfand mit sich. Nachdem ich ihn [Swift] in Empfang genommen hatte, eröffnete ich dem Chief die Sache und sagte ihm, daß wir nicht länger Brüder oder Freunde wären, wenn er nicht Pokohuntis in meine Hände verraten würde.

Argall setzte Japazaws massiv unter Druck. Der Häuptling

schützte vor, daß Powhatan ihn und seine Leute bekriegen würde, wenn er dieses Geschäft unternähme. Aber auf mein Versprechen hin, mit ihm zusammenzugehen gegen [Powhatan], begab er sich unverzüglich zu seinem Bruder, dem großen Häuptling der Patowomeck. Dieser rief seinen Rat zusammen, nachdem er in die Sache eingeweiht worden war. Und nach einigen Stunden des Beratens beschloß er, sie lieber in meine Hände auszuliefern, als meine Freundschaft zu verlieren. So verriet [Japazaws] sie unverzüglich in mein Beiboot, worin ich sie an Bord meines Schiffes beförderte.

Mit welcher List Japazaws die Prinzessin Pocahontas in Argalls Boot lockte, beschreibt Ralph Hamor. Seine Gewährsleute waren Augenzeugen, Ensign Swift und Argall: Da Pocahontas

sich, wie es scheint, bei den Patawomeke inkognito dünkte, wurde sie leicht von ihrem Freund Iapazaws überredet, mit ihm und seiner Frau an Bord von [Argalls] Schiff zu gehen und es anzusehen. Denn Kapitän Argall hatte [Japazaws] einen Kupferkessel versprochen, wenn er [Pocahontas] zu [Argall] ... bringen würde. Er versprach [auch], ihr auf keinen Fall etwas anzutun, sondern sie nur so lange [als Geisel] festzuhalten, bis ... [die Engländer] einen Frieden mit ihrem Vater schließen könnten. Der Eingeborene hätte für diesen Kupferkessel alles gemacht, so hörte sich der Bericht an.

Denn ... [Japazaws] stiftete seine Frau dazu an, so zu tun, als sei sie begierig, ein Schiff zu besichtigen, obwohl sie viele gesehen und in ihnen gewesen war. [Zum Schein] drohte er ihr wegen ihres beharrlichen Bittens Prügel an, bis sie weinte. Doch schließlich sagte er ihr, er wäre es zufrieden, wenn Pocahontas mit ihr ginge. Und so verrieten sie die arme, unschuldige Pocahontas aufs Schiff, wo sie alle freundlich in der Kapitänskajüte bewirtet wurden. Iapazaws trat dem Kapitän mehrmals auf den Fuß, um ihn daran zu erinnern, daß er seinen Teil erledigt hätte. Als der Kapitän seine Zeit gekommen sah, überredete er Pocahontas, in die Kadettenmesse [zu schauen]; er tat so, als habe er mit Iapazaws irgendeine Unterredung. Aber das geschah nur, um [Pocahontas] nicht merken zu lassen, daß er in irgendeiner Weise schuldig an ihrer Gefangennahme war. Als ... [Argall] also wieder nach ihr schickte, eröffnete er ihr vor ihren Freunden, daß sie mit ihm gehen und Frieden zwischen ihrem Land und uns stiften müßte, bevor sie Powhatan jemals wiedersehen sollte. Daraufhin begannen der alte Jude [d. i. Japazaws] und seine Frau zu heulen und zu weinen – genauso stark wie Pocahontas. Auf des Kapitäns freundliches Zureden hin beruhigte sie sich langsam. Und Iapazaws und seine Frau gingen mit dem Kessel und anderen Kinkerlitzchen fröhlich an Land. Und ... [Pocahontas] nach Jamestown.

Raffiniert geheuchelte Tränen hatte auch Pocahontas wahrscheinlich an jenem Spätabend des Januar 1609 vor Captain Smith geweint. Jetzt war sie selber einer indianisch-englischen List auf den Leim gegangen. Der englische Kidnapper hatte spontan eine günstige Gelegenheit beim Schopfe ergriffen.

Der Vergleich beider Dokumente offenbart, daß der Amtsschreiber der Kolonie, Ralph Hamor, den Indianer Japazaws zugunsten der Engländer zu belasten suchte (»für diesen Kupferkessel hätte er alles gemacht ... der alte Jude«). Tatsächlich war der Häuptling von Argall aber nicht nur bestochen, sondern mit Drohungen unter Druck gesetzt worden. Dies unterschlug der offizielle Protokollant; von seiner antisemitischen Spitze ganz zu schweigen.

Noch vom Potomac aus »wurde ein Bote unverzüglich zu ihrem Vater geschickt mit der Forderung, daß er seine Tochter Pocahontas, die er so herzlich liebte, loskaufen müßte, und zwar mit unseren Männern (die als Deserteure ins indianische Lager übergelaufen waren) und mit Schwertern, Gewehren, Werkzeugen usw., die er heimtückisch gestohlen hatte«. (Hamor)

Powhatan reagierte auf Argalls Abgesandten »mit viel Schmerz, ... sandte den Boten aber mit seiner Antwort unverzüglich zurück: Er wünschte, daß ich (d. i. Argall) seine Tochter gut behandelte und daß ich mein Schiff in seinen Fluß brächte. Dort würde er meine Forderungen erfüllen. Wenn das geschehen wäre, sollte ich ihm seine Tochter ausliefern, und wir sollten Freunde sein.« (Argall, 1613)

Die Engländer dachten indes nicht im Traum daran, in den York River zu Powhatan zu segeln oder eine andere schnelle Lösung anzustreben. Argalls Schiff »Treasurer« ging vor Jamestown auf Reede. Welchen Schatz hatte die »Treasurer« in der Kadettenmesse herangefahren, welches Faustpfand! Was ließ sich aus diesem Handel mit der Lieblingsprinzessin Powhatans alles herausholen? Anstatt dem skrupellosen Kapitän Argall die Ohren abzuschneiden, stimmte Sir Thomas Gates, der amtierende Gouverneur, dem Erpressungsplan zu und nahm die Verhandlungen an sich, das heißt, er verschleppte sie. Solange Pocahontas in seiner Hand war, würde Powhatan mit seinem Buschkrieg innehalten müssen.

Zudem ließ sich mit der gefangenen Prinzessin wundervoll Propaganda treiben: Mit der tollkühnen Geiselnahme gelang es Argall und Gates, der Öffentlichkeit in Europa neuen Optimismus bezüglich des Jamestown-Unternehmens einzuflößen. Dies war auch bitter nötig. Die Virginia Company hatte eine schlechte Presse. Geringe Rendite sowie Hiobsbotschaften über indianische Attacken und Hunger hatten die Gesellschafter zu Hause vergrault. Teure Nachschubfahrten hatten die Kasse geleert; eine öffentliche Lotterie war zeitweilig die einzige Einnahmequelle der Londoner Virginia Company. Kein Wunder, wenn ein Gesellschafter angesichts der neuen Nachrichten aus Jamestown jubelte: Dies »bringt einiges Leben in jenes Unternehmen, das vorher fast in den letzten Zügen lag«. So schrieb John Chamberlain aus England nach Den Hague. Auch andere Briefe verbreiteten die Sensation in Europa, wie etwa der des venezianischen Gesandten in London an seine Regierung am Rialto vom 9. August 1613: »Ein Schiff ist hier aus Virginia eingelaufen, das durch Erfolgsnachrichten universales Frohlocken ausgelöst hat. Augenscheinlich haben die Soldaten der Kolonie dem König von Poitan eine empfindliche Niederlage beigebracht und eine seiner Töchter gefangengenommen. Er hat deshalb Freundschaft angeboten, Frieden und Informationen über einige reiche Goldminen.« Die gekidnappte Pocahontas sorgte für internationale Schlagzeilen – ähnlich verzerrt, wie sie heute zuweilen umlaufen.

In Jamestown garantierte Gouverneur Gates immerhin, daß das Mädchen von den Kolonisten äußerst höflich behandelt wurde. Selbst der martialische Sir Thomas Dale, der als Polizeichef die Geisel in seine Obhut nahm, zeigte sich gegenüber der indianischen Prinzessin ehrerbietig und freundlich. So grausam Dale mit indianischen Dörfern und undisziplinierten englischen Siedlern umsprang, gegenüber der Powhatan-Tochter bewies er Anstand. Wenigstens gegenüber Damen – und selbst wenn sie Geiseln waren – wußten die Gentlemen sich zu benehmen.

Powhatan schickte nach drei Monaten [im Juli] sieben unserer Männer, jeden von ihnen mit einer unbenutzbaren Muskete. Und er sandte uns als Botschaft, daß er uns Genugtuung für alle uns zugefügten Schäden geben werde plus fünfhundert Maisscheffel und daß er für immer mit uns freundschaftlich verbunden sein werde, wenn wir seine Tochter befreien würden. Was er schickte, nahmen wir als Teilzahlung entgegen und antworteten zurück, daß seine Tochter gut behandelt werden sollte. Aber wir konnten annehmen, daß unsere restlichen Waffen entweder verloren oder ihm gestohlen worden waren; und bis er diese schickte, würden wir seine Tochter deshalb behalten. (Hamor)

Wie konnte Powhatan verlorene Waffen wieder herbeizaubern oder ihm gestohlene rasch wieder aufstöbern? Die Engländer ließen dem Vater kaum eine Chance. Sie wollten keine schnelle Lösung. Zu wertvoll war das Pfand, das sich in ihrer Gewalt befand. Powhatan blieb nichts anderes übrig, als sich für die nächsten Monate in Schweigen zu hüllen.

Sir Thomas Dale hatte nicht nur eine martialische Seite. Dale war »ein Mann großen theologischen Wissens und eines guten Gewissens in all seinem Tun; beides ist selten für einen Kriegsmann«, urteilte 1613 sein Pfarrer Alexander Whitaker. Pocahontas wurde als Geisel in Dales Obhut gegeben und lernte dessen gentile Seite kennen.

Um alles komplizierter zu machen, kam auch noch eine Liebesaffäre mit ins politische Spiel. Indes, die Politik lernte schnell, die Liebe für sich einzuspannen.

Pocahontas war achtzehn. Unweit der neuen Siedlung Henrico sortierte ein zehn Jahre älterer Mann seine getrockneten Tabakblätter: John Rolfe. Vier Jahre zuvor war er zusammen mit seiner in England angetrauten Frau aus der Havarie der »Sea Venture« mit heiler Haut davongekommen. Den beiden war auf den Bermudas eine Tochter geboren worden. Mutter und Kind lebten jedoch im Jahre 1613 nicht mehr.

Im Mai 1613 feierte der Pflanzer seinen achtundzwanzigsten Geburtstag, und im Juni ließ er seine erste Tabakernte nach England verschiffen. Sie versprach, ein Erfolg für ihn zu werden.

In Jamestown oder Henrico sah John Rolfe die hochgewachsene und temperamentvolle Powhatan-Prinzessin von weitem. Bald lernte er sie persönlich kennen, und Gespräche entspannen sich. Zarte Liebe erwachte, und in den folgenden Sommerwochen entbrannten beide in Leidenschaft. John Rolfe fühlte freilich auch Gewissensbisse. War so etwas erlaubt, was hier heranreifte? Ein Steinzeitmädchen und ein neuzeitlicher Agrarökonom? Ein christlicher Engländer und eine kupferhäutige Heidin? Rolfe war hin- und hergerissen zwischen Verliebtsein und Skrupeln. War dies mit Gottes Plan und Providenz vereinbar oder alles nur teuflische Versuchung?

Obwohl die Liebesbeziehung bislang in »Unschuld« gelebt wurde, wie John Rolfe beteuerte, begannen die Leute in der Kolonie, sich das Maul zu zerreißen: Dieser Lüstling! Von der Offenheit dunkeläugiger indianischer Mädchen hatte man ja gehört! Amerigo Vespucci hatte die jungen Frauen, denen er auf seinen Entdeckungsreisen zwischen 1499 und 1502 begegnet war, unumwunden als »maßlos libidinös« bezeichnet. »Sie zeigten sich sehr willig, mit uns

Christen zu kopulieren.« Sahen sie in den Männern aus dem Osten Halbgötter, deren Kraft sie auf sich und ihren Stamm zu übertragen begehrten? Etwas harmloser klang, was der Engländer Barlowe 1584 von der Raleigh-Expedition berichtet hatte: »Sie bewunderten das Weiß unserer Haut und wollten dauernd unsere Brust berühren.« John Smith hatte 1612 in seiner *Map of Virginia* die gastfreundliche Sitte der Powhatan-Konföderation beschrieben, einem Ehrengast zur Nacht eine »frisch rotbemalte Frau« als »Bettgenossin« an die Schlafstatt zu setzen. Und Robert Beverley beobachtete um 1700 an Virginias Indianerinnen, daß »die Mädchen völlig über sich selber verfügen«; sie »dürfen ihre Person handhaben, wie es ihnen gutdünkt«. Die Indianer Virginias werden – wie die der meisten Stämme westlich der Rocky Mountains – nichts dabei gefunden haben, wenn Mädchen vor der Heirat sexuelle Kontakte pflegten. Erst nach dem Eheschluß war für die Frauen der Powhatan-Stämme Treue striktestes Gebot, wie Henry Spelman und William Strachey um 1610 beobachteten. Strachey hatte auch von erotisch stimulierendem Singsang – »errotica carmina« – der Mädchen Virginias erzählt. Und Beverley wußte von ihrer zuweilen sexuell freizügigen Sprache zu berichten.

So machten sich die Leute in der Kolonie ihre Gedanken. Wenn dieser John Rolfe schon die englischen Frauen in der Kolonie nicht für gut genug befindet, kann er dann nicht zu Hause eine Passende auftreiben? Hat er die Hoffnung aufgegeben, je wieder nach England zurückzusegeln? Hat er dort keine Freunde, die ihm eine gute Partie vermitteln könnten? Will er seine Freunde vor den Kopf stoßen?

Die Fragen und Vorwürfe lassen sich noch gut aus dem Quellenmaterial erschließen. Allein, »soll die niedrige Furcht, der Welt nicht zu Gefallen zu sein, mich überwältigen?«, so fragte sich John Rolfe, wenn er zu seiner Plantage zurückwanderte oder wenn er schlaflos auf seinem Bette sich wälzte.

So konnte es nicht weitergehen. »Seit einer langen Zeit« nun schon waren »Herz und beste Gedanken verstrickt«. Eine Entscheidung mußte gefällt werden: entweder Ehe oder Ende der Beziehung.

Rolfe setzte sich hin, schrieb einen Brief an Sir Thomas Dale, in dessen Obhut die Geisel war, und offenbarte diesem seine Gefühle – und seine Heiratsabsicht. Er hoffte, durch sein Schreiben die Lästermäuler zu stopfen und die Obrigkeit zur Zustimmung zu diesem kühnen Ehe-Ansinnen zu bewegen.

Einen gewagten Schritt hatte der experimentierfreudige Pflanzer und Botaniker vor: einen Eheschluß außerhalb des christlichen Kulturkreises – geradeso, als machten Astronauten des 20. Jahrhunderts Mondmenschen, die sich vor Jahrtausenden von der Erdbevölkerung abspalteten, einen Heiratsantrag. Die Analogie ist nicht an den Haaren herbeigezogen. Francis Godwins Science-fiction-Erzählung *Der Mann im Mond*, die in den 1620er Jahren vollendet wurde, spielte mit der Idee, daß die nordamerikanischen Einheimischen von den Mondleuten abstammten, »teils wegen ihrer Farbe, teils auch wegen ihres fortgesetzten Verbrauchs von Tabak, den Mondbewohner außergewöhnlich viel benutzen«.

In der Tat, wo kamen diese »Wilden« her? Von Noahs Söhnen jedenfalls stammten sie nicht ab; deren Nachkommen kannte man schließlich. Von Semiten, Hamiten und Jafetiden ließen sich bisher »alle Menschen auf Erden« herleiten (1. Mose 9,18–19). Aber die Indianer? Stammten sie nicht von Noah ab, dann auch nicht von Adam! Hatten sie dann überhaupt eine Seele? Noch im 16. Jahrhundert wurde diese Frage heftig diskutiert. Vielleicht waren diese Einheimischen Nachfahren eines verlorenen Stammes Israels oder gar der Bewohner des sagenumwobenen Atlantis? Mit einer solchen »Mondmenschin« sich einzulassen!

Ritt der Teufel diesen John Rolfe? Oder leitete ihn Gott? Der fromme Tabakpflanzer brachte den Mut auf, seiner Obrigkeit darzulegen, daß nur Gott in dieser starken Liebe am Werke sein könne. Der Brief verdient, ausführlicher zitiert zu werden, denn er bringt uns die Person der Pocahontas ein wenig näher.

Es ist eine Sache von nicht kleinem Momentum..., die ich Ihnen hier mitteile und die mich so nah berührt wie die Zartheit meines Seelenheils... Aus freien Stücken unterwerfe ich mich Ihrem Urteil... Entweder überzeugen Sie mich, Verzicht zu leisten, oder Sie ermutigen mich, hierin mit religiöser Furcht fortzufahren... Vom selben Moment an, als sich dies im geheimen Busen meines Herzens einzuwurzeln begann, waren meine täglichen und ehrlichen Gebete ... getragen vom Eifer, in allen meinen Gedanken, Worten und Taten zur Ehre Gottes geleitet zu sein... Und wenn meine Sache nicht aus einem unbefleckten und unbesudelten Gewissen käme, würde ich nicht wagen, diese Leidenschaften meiner beunruhigten Seele Ihrem Urteil zu unterbreiten... Im Wissen um meine eigene Unschuld während des Verfolgens dieser Angelegenheit zweifle ich nicht an Ihrem wohlmeinenden Entgegennehmen [meines Briefes]... Durch oftmaliges Prüfen und Selbst-Erforschen in meinen Gebeten bin ich zur Sicherheit gekommen, daß ich vom Geist Gottes in diese Sache gerufen wurde... Meine täglichen Andachten werden immer darauf gerichtet sein, so gute Wirkungen [in der Verbindung mit dieser Frau] zu zeitigen, daß Sie und alle Welt wahrhaft sagen mögen, daß dies das Werk Gottes ist...
Kein Weg führt so weit nach vorne, wie es des Mannes Schwäche mit der ungezügelten Begierde fleischlicher Zuneigung erlauben würde [will sagen: bisher konnte sexueller Drang mit »unbeflecktem Gewissen« gezügelt

werden]. Mein Hauptziel und Vorsatz ist, mit all meiner Kraft des Körpers und Geistes beim Unternehmen einer so gewichtigen Sache mich einzusetzen für das Wohl der Kolonie, für die Ehre unseres Landes, für den Ruhm Gottes, für meine eigene Erlösung und für die Bekehrung eines ungläubigen Geschöpfes, nämlich von Pokahuntas, zur wahren Erkenntnis Gottes und Jesu Christi. Mit ihr [Pocahontas] haben sich und sind mein Herz und meine besten Gedanken seit einer langen Zeit so verstrickt, und sie sind gefangen in einem solch unüberschaubaren Labyrinth, daß ich sogar die Kraft verlor, mich selbst wieder da herauszuwinden. Aber der allmächtige Gott führte mich an der Hand... Ihnen gegenüber äußere ich die Wirkungen meiner lang dauernden zärtlichen Zuneigung, welche einen mächtigen Kampf in meinen Gedanken hervorgerufen hat...

Wehe mir, wenn ich nicht wüßte vom schweren Mißfallen, das der allmächtige Gott an den Söhnen Levis und Israels hatte, weil sie fremde Frauen heirateten; wenn ich nicht wüßte von den Unannehmlichkeiten, die dabei entstehen können... Sorgfältig schaute ich mich um nach dem Grund und den Hauptmotiven, die mich also treiben, in jemanden verliebt zu sein, deren Bildung ungelehrt, deren Sitten barbarisch, deren Generation unter dem Fluch und die in aller Erziehung so verschieden von mir selbst ist. Oftmals habe ich deshalb mit Furcht und Zittern meine private Kontroverse hierüber so beendet: Sicher sind dies böse Anstiftungen, ausgehend von dem, der des Menschen Zerstörung sucht und sich daran ergötzt. Und mit heißen Gebeten, von solch diabolischen Anschlägen für immer verschont zu bleiben, fand ich so ein wenig Ruhe.

Wenn ich nun dachte, ich hätte meinen Frieden und meine Ruhe, dann brach eine andere, freilich angenehmere Versuchung in meine heiligsten und stärksten Gedanken ein. Sie hat mich in eine erneute Seelenprüfung gestürzt, rigoroser noch als die vorgenannte: Die vielen Leidenschaften und Qualen, die ich täglich, stündlich, ja sogar in meinem Schlaf erlitt – sie weckten mich zum eigenen Erstaunen auf – diese vielen Leidenschaften klagten mich der Nachlässigkeit gegenüber der Pflicht eines guten Christen an ... Sie zogen mich am Ohr und riefen: Warum strengst du dich nicht an, sie zu einer Christin zu machen? Und dies geschah zu meinem größeren Erstaunen sogar, wenn sie ganz weit weg von mir getrennt war. Nach gesundem Menschenverstand dürfte solches Getrenntsein zu Vergessen führen, wenn hier nicht unzweifelhaft Gott am Werke wäre ...

Ich füge hinzu: ihre großartig offenkundige Liebe für mich, ihr Begehr, in der Erkenntnis Gottes gelehrt und unterwiesen zu werden, ihre Fähigkeit zu verstehen, ihre Begabung und Willigkeit, jeden guten Eindruck aufzunehmen, dazu auch das Geistliche und ihr eigenes ansporrnendes Zureden – all dies führt mich zu diesem [Heiratsentschluß].

Was sollte ich tun? Sollte ich verweigern, dem Hungrigen Brot zu geben, den Nackten zu kleiden [Matthäus 25,35–36]? ... Soll die niedrige Furcht, der Welt nicht zu Gefallen zu sein, mich überwältigen und mich davon abhalten, den Menschen diese Geisteswerke des Herrn zu offenbaren? ...

[Mit diesem Brief] erfülle ich meine Pflicht gegenüber Gott und Ihnen. Seiner gnädigen Providenz unterwerfe ich mich demütig ...

Wenn nun vulgäre Leute, die sich aller Menschen Handeln nach dem Maßstab ihrer eigenen Schmutzigkeit zurechtlegen, mich schlechtmachen .., so sollen sie wissen, daß es nicht mein hungriger Appetit ist, mich bis zur Sattheit mit Unkeuschheit zu füllen. Sicher, wenn ich so sinnlich ausgerichtet wäre, würde ich – wiewohl mit verbranntem Gewissen – solche Begier befriedigen, jedoch dann mit Christinnen... Weder habe ich die Hoffnung aufgegeben, eines Tages mein Heimatland wiederzusehen, noch bin ich so ohne Freunde, noch von so niedriger Geburt, daß ich nicht dort eine Partie zu meiner großen Zufriedenheit machen könnte. Noch habe ich ignorant meine hoffnungsvollen Aussichten dort drüben übergangen, noch suche ich sorglos, die Zuneigung meiner Freunde zu verscherzen, indem ich diesen Kurs einschlage...

Täglich werde ich Gott bitten, mich zu segnen zu meiner und ihrer ewigen Glückseligkeit ... Jo Rolfe.

Der Schluß zeigt, daß und wie die Leute über ihn schwatzten. Leicht hat er sich den Entschluß nicht gemacht, dieser John Rolfe. In der Originalversion ist der Brief noch gewundener, als diese Auszüge verraten.

War der junge Pflanzer getrennt von diesem achtzehnjährigen Mädchen, sehnte er sich um so mehr nach ihr. Er hatte deshalb seine Skrupel besiegt. Sein Ziel stand fest: Die kulturelle Kluft mußte überwunden werden – durch Anpassung des Mädchens, durch Europäisierung und Taufe, auf die hinzuwirken Rolfe gelobte. Er selber wollte sich um die kulturell-religiöse Unterweisung seiner Braut kümmern. Ihm war klargeworden: Die Vorsehung wollte ihn als Werkzeug bei der Bekehrung dieses Mädchens benutzen.

So trat Seelenfrieden ein – für John Rolfe zumindest. Das schier Undenkbare, die weltenübergreifende Vermählung mit einer attraktiven »Mondmenschin«, wurde denkbar. Die beiden anderen Optionen – Anpassung des Mannes an die Kultur der Frau oder Aushalten des kulturellen Grabens innerhalb der Ehe – standen außerhalb des Horizontes der europäischen Akteure des frühen 17. Jahrhunderts, was ihnen zum Vorwurf zu machen sich niemand versteigen wird.

Seelenfrieden trat ein auch für die Kolonie. So, wie in John Rolfes Brief begründet, ließ sich diese Ehe vor der Welt vertreten. Niemand brauchte sich zu schämen und zu verstecken – auch der Gouverneur nicht. Der Brief wurde noch im Juni 1614 vom amtierenden Gouverneur Dale an den Bischof von London geschickt und bereits 1615 als Anhang in einem in London verlegten Buch abgedruckt. Alle Welt durfte wissen, wie man sich künftig in exotischer Kolonie transkulturelles Sich-Verbinden dachte, ohne der eigenen kulturellen Identität untreu zu werden.

John Rolfes Argumentation stieß freilich nicht bei allen damaligen Lesern auf Gegenliebe. Im puritanischen Neuengland überzeugte die Rolfsche Ehelegitimation jahrzehntelang niemanden. Erst 62 Jahre nach seiner Heirat mit Pocahontas wurden dort Ehen zwischen Eingeborenen und Weißen geschlossen.

Ob Pocahontas ihrerseits in ähnliche Skrupel über den transkulturellen Charakter ihrer Liebe verstrickt war, wissen wir nicht. Soviel wird deutlich: Sie war nicht nur temperamentvoll, sondern auch geistig wendig und aufnahmefähig. Sie war zudem, wie zumindest der Bräutigam es sah, willig, von seiner – in vielem scheinbar überlegenen – Kultur zu lernen. Denn sie liebte ihn. Sie selbst hatte ihm sogar zugeredet, Heiratspläne zu schmieden und den Regierungsvertreter um Wohlwollen zu bitten. Auch ließ sie ihrem Vater keine Verzweiflungssignale zukommen, als später von diesem die Heiratserlaubnis eingeholt wurde.

Daß der Regierungsvertreter dem exotischen Heiratsplan des experimentierfreudigen Pflanzers stattgab, mag mehrere Gründe gehabt haben. Einer »Wilden« europäische Schulbildung und Christenlehre angedeihen zu lassen, war ein frommes Ansinnen. Es entbehrte aber auch nicht der politisch-ökonomischen Dimension. Schon Rolfe deutete diese in seinem Brief an, wenn er gleich zweimal betonte, daß sein Heiratsplan dem »Wohle der Kolonie, der Ehre unseres Landes« dienen würde. Er führte nicht aus, was er mit dieser Floskel meinte; vielleicht war er sich auch nicht bewußt, was sie konkret bedeuten konnte. Dennoch ist klar: Diese »Wilde« war nicht irgendwer. War erst einmal die Tochter des Chiefs der Chiefs kulturell assimiliert, christianisiert und sogar verwandtschaftlich gebunden, dann würden bald weitere Eingeborene den Weg zur »weißen« Kultur und in den Einflußbereich der Kolonisten finden; die indianische Bedrohung würde nachlassen und der Handelsverkehr mit den Einheimischen günstig beeinflußt. Frühkolonialismus pur – ob seitens der Akteure bewußt oder unbewußt, spielt kaum eine Rolle. Die Bekehrung und eheliche Einbindung einer indianischen Schlüsselfigur in das Kolonieleben war für die Engländer ein Glücksfall, der zum Erfolg ihres Expansionsunternehmens nicht wenig beitrug.

Der Regierungsvertreter Sir Thomas förderte die Bekehrung und Europäisierung des Mädchens: Spätestens im Winter 1613/14 finden wir die prominente Geisel von Jamestown weiter flußaufwärts in der Nähe der neuen Kolonie Henrico, wo Sir Thomas der Powhatan-Tochter regelmäßigen Unterricht bei einem Geistlichen angedeihen ließ.

Die chronologische Zuordnung des Rolfe-Briefes zu den Erziehungsmaßnahmen des Politikers Dale ist leider nicht mehr klar erkennbar. Der Brief setzt voraus, daß Pocahontas noch nicht getauft ist. Sie begehrt christliche Unterweisung und hat sich auch schon als lernfähig erwiesen. Spielt John Rolfe hier auf eigene Unterrichtsversuche mit seiner Geliebten an? Dann war er es, der Sir Thomas Dale mit seinem Brief auf die Idee brachte, die Bekehrung der Powhatan-Prinzessin von politischer Seite zu fördern. In der Tat lesen sich Rolfes Ausführungen stellenweise so, als sei ihm in seinem persönlichen Ringen zuerst die Idee einer christlichen Bekehrung der Geisel gekommen.

Die alternative Interpretation setzt sich über diesen Lese-eindruck hinweg. Nach ihr hatte Sir Thomas bereits vor Rolfes Brief Lektionen in abendländischer Kultur und Christentum angeordnet. Viele Chronisten bevorzugen diese Lösung. Aus dieser Sicht bietet sich der Briefschreiber an, als Liebhaber der Schülerin die bereits bestehenden Unterrichtsbemühungen nach Kräften zu unterstützen. Die Frage bleibt dann nur, warum Rolfe in seinem Brief nirgends deutlich auf den von Sir Thomas bereits in die Wege geleiteten Bekehrungs- und Unterrichtsversuch eingeht. Ein solches Anknüpfen wäre seiner Argumentation nur nützlich gewesen. Er hätte zum Beispiel schreiben können: »Ich will lediglich nach Kräften zu vollenden helfen, was Sie, Sir Thomas, ja selber schon auf den Weg gebracht haben.« Nichts dergleichen findet sich in seinem Brief.

Wie immer die Chronologie zu bestimmen sein mag, die indianische Studentin zeigte sich gelehrig und lebte sich schnell in den Kolonistenalltag ein. Henrico lag am Nordufer des James River in einer Flußschleife auf einem gut zu verteidigenden Landrücken. Palisaden schützten Wohnhäuser, Lagergebäude und eine Kirche. Weiter landeinwärts war eine Feldfläche für Maisanbau eingefriedet worden. Auf der gegenüberliegenden, südlichen Flußseite sicherten mehrere Pfahlumfriedungen das Gebiet. Eine davon war die Pfarrei, zu der etwa 40 Hektar Ackerland gehörten. Hier wirkte der nicht einmal dreißigjährige Reverend Alexander Whitaker, ein Cambridge-Absolvent und Sohn eines Cambridger Theologieprofessors. In vielem dachte er weniger rassistisch als seine Zeitgenossen. Aufgeschlossen gegenüber den Indianern, hegte er keinen Zweifel, daß auch sie von Adam abstammten. »Sie haben verständige Seelen und intellektuelle Fähigkeiten so gut wie wir ... Eine sehr verständige Generation sind sie, schnell im Begreifen, rasch in ihren Erledigungen, raffiniert in ihren Händeln, exquisit in ihren Erfindungen und fleißig in ihrer Arbeit« (1613). Das galt auch für seine prominente Studentin.

Sir Thomas Dale hatte die Geisel Pocahontas in Whitakers »ansehnlichem Fachwerkhaus« (Hamor) untergebracht, das sich in der Nähe von Rolfes Plantage befand. Unter der Obhut des aufgeschlossenen Geistlichen und mit Hilfe ihres Bräutigams beschritt sie – als erste Einheimische Virginias – den Weg zum Christentum und zur Kultur der Weißen. Hier lernte Pocahontas, in europäische Tracht gekleidet, an den zwei obligatorischen täglichen Andachten der Kolonisten teilzunehmen. Samstagabends leitete der Pastor ein Exerzitium im Henrico-Haus des Sir Thomas. Am Sonntagmorgen wurde Gottesdienst gefeiert, nachmittags nochmals Katechese gehalten.

Es gibt keinen Anhalt in den Quellen, daß Pocahontas den Weg zum Christentum – an der Hand ihres Geliebten – nur halbherzig gegangen wäre. Im Gegenteil, spätere Augenzeugen, auch an ihrem Totenbett, bestätigten, daß in ihr eine genuine christliche Frömmigkeit heranreifte. »Sie hatte Freude, von ihrem geliebten Erlöser zu hören«, bezeugte später der Geistliche Purchas aus eigenem Erleben. Sie gab »großartigen Beweis ihrer christlichen Echtheit«.

Im Juni 1614 konnte Sir Thomas dem Bischof von London befriedigt melden: »Ich veranlaßte, daß Powhatans Tochter (beim Gemeindepfarrer) sorgfältig in der christlichen Religion instruiert wurde. Nachdem sie einigen guten Fortschritt darin gemacht hatte, schwor sie öffentlich dem Götzendienst ihres Landes ab, bekannte offen ihren christlichen Glauben und wurde, wie sie verlangte, getauft.«

Auch Whitaker betonte das Engagement Dales: Pocahontas »bekannte den Glauben an Jesus Christus und wurde getauft. Sir Thomas Dale hatte eine lange Zeit daran gearbeitet, diesen in ihr einzuwurzeln.« Richtiger gesagt: Dale ließ einwurzeln, wie er ja selber zugab. In diesem an einen anderen Geistlichen in London gerichteten Brief unterschlug Whitaker wohlweislich die Rolle des Liebhabers Rolfe und verschwieg bescheiden auch seine eigene. John Smith hatte hier weniger Skrupel und schrieb allen drei Männern den Erfolg zu. Sie brachten Pocahontas bei, »ein solches Englisch zu sprechen, das gut verstanden werden kann. Gut im Christentum instruiert«, konvertierte sie.

Entweder in Jamestown oder in Henrico wurde die Prinzessin Matoaka Pocahontas auf den Namen »Lady Rebecca« getauft. Die erste Europäisierung durch die Engländer war perfekt. Vor allem Amors Pfeil hatte gewirkt, nicht vorgehaltene Pistole.

Rebeccas Taufe stellte den Gegenpol dar zu dem, was John Smith in den Januartagen des Jahres 1608 in Werowocómoco widerfahren war – wenn die Episode seiner Initiation und Adoption durch Pocahontas und ihren Stamm denn historisch ist, wofür etliches spricht. Damals war John Smith indianisch »getauft« und in den Stammesverband Powhatans aufgenommen worden. Auch einen neuen Namen, »Nantaquoud«, hatte er bekommen. Jede Seite dieser interkulturellen Begegnung hatte mithin mehr oder weniger erfolgreich versucht, einen prominenten Vertreter der anderen zu integrieren – in der Hoffnung, weitere würden folgen. Powhatan war in dieser Hoffnung enttäuscht worden. Sir Thomas dagegen hatte Grund, optimistisch in die Zukunft zu schauen.

Nach vollzogener Taufe konnte der Heiratsplan festere Umrisse annehmen. Ende März 1614 – der amtierende Gouverneur Gates war gerade nach England zurückgekehrt und hatte Sir Thomas Dale die Regierungsgeschäfte übertragen – stellte dieser eine Delegation an Powhatan zusammen, der John Rolfe und Pocahontas angehörten und die das Geiseldrama beenden sollte. Dale schrieb nach London: »Ich begab mich auf Kapitän Argalls Schiff. Mit hundertfünfzig Mann an Bord meiner Fregatte und anderen Booten fuhr ich in den Pamaunkie Fluß (heute York River), wo Powhatan residiert und in zwei oder drei Tagen tausend Mann zusammenziehen kann. Mit mir führte ich seine Tochter, die lange Gefangene bei uns gewesen war.«

Powhatan war nicht zu Hause. Auf die Frage der Indianer, was cr vom Chief wolle, antwortete Dale: »ihm seine Tochter zu bringen – unter der Bedingung, daß er alle Waffen, Werkzeuge, Schwerter und Männer, die desertiert waren, zurückerstattete ... und mir ein Schiff voller Mais gäbe für das Übel, das er uns angetan hatte. Wenn sie dies täten, würden wir Freunde sein, wenn nicht, würden wir alles abbrennen.«

Powhatan war drei Tagereisen entfernt. Sein Bruder Opechancanough versuchte, in die Verhandlungen einzusteigen, wurde von den Engländern aber abgelehnt. Nur mit Powhatan selber wollten sie konferieren. Gewaltakte folgten auf dem Fuß: »Als wir an Land gingen, schossen sie auf uns. Wir standen ihnen nicht nach, töteten einige, verletzten andere, marschierten landeinwärts, legten Feuer an ihre Häuser, nahmen ihren Mais und lagerten die ganze Nacht am Ufer.«

Am nächsten Tag zogen die englischen Schiffe weiter flußaufwärts. Die Einheimischen »folgten uns dicht und riefen, um zu erfahren, wohin wir gingen. Wir antworteten: alles zu verbrennen, wenn sie nicht täten, was wir forderten... Sie sagten, sie würden alles am nächsten Tag beibringen. Daraufhin standen wir von aller Feindseligkeit ab, gingen an Land, und eine gute Anzahl ihrer Männer mischte sich unter uns. Aber wir waren sehr vorsichtig und standen bei unseren Waffen.«

Zu diesem Zeitpunkt wurde Pocahontas vorgeführt. »Des Königs Tochter ging an Land. Aber sie wollte zu keinem von ihnen sprechen, kaum zu denen der besten Sorte, und zu denen (sagte sie) nur, wenn ihr Vater sie lieb hätte, würde er sie nicht weniger wertschätzen als alte

Schwerter, Gewehre oder Äxte. Sie würde deshalb immer bei den Engländern wohnen, die sie lieb hätten.« Wer sich vergegenwärtigt, daß diese Szene von Dale selbst referiert wird, darf zu Recht vermuten, daß der Polizeichef seine Geisel während ihres Europäisierungsprozesses entsprechend beeinflußt haben muß: ›Dein Vater hat dich ja doch vergessen! Rostige Metallschwerter sind diesem rückständigen Steinbeil-Krieger lieber als seine Tochter.‹ Die Briefstelle nennt zugleich noch einmal die »Liebe« als entscheidendes Motiv für Pocahontas, bei ihren Entführern zu bleiben und deren Kultur anzunehmen.

Ralph Hamor, der Schriftführer der Kolonie, ergänzt die Schilderung um ein familiäres Detail: »Zwei von Powhatans Söhnen verlangten sehr danach, ihre Schwester zu sehen, die dort am Ufer mit uns gegenwärtig war. Sie kamen zu uns. Als sie sie sahen und ihr Wohlergehen, freuten sie sich sehr. Sie hatten geargwöhnt, daß sie schlechter behandelt würde, obwohl sie oft das Gegenteil gehört hatten. Sie versicherten, daß sie zweifelsohne ihren Vater überreden könnten, sie auszulösen und für immer einen festen Frieden mit uns zu schließen.«

»Endlich kam jemand von Powhatan. Der teilte uns mit, daß zusammen mit einigem Mais unsere Schwerter und Werkzeuge innerhalb von fünfzehn Tagen nach Jamestown geschickt werden sollten« (Dale). Powhatan hatte die noch fehlenden Geräte also nicht zu unmittelbarer Verfügung; es ist zweifelhaft, daß er überhaupt noch alle auftreiben konnte. Ferner ließ der Chief der Chiefs mitteilen, »daß seine Tochter mein (Dales) Kind sein und für immer mit mir wohnen sollte«. Drittens wünschte Powhatan, »für immer freundschaftlich verbunden zu sein. Und er nannte die Namen derjenigen von seinen Leuten und Nachbarhäuptlingen, die er in den Frieden eingeschlossen wünschte und die in den Genuß des Friedens kommen sollten.« Er versprach viertens: »Wenn Männer von uns ohne meine

Erlaubnis zu ihm kämen, würde er sie zurückschicken.« Desertion in warme Wigwams – möglicherweise in die Arme indianischer Mädchen – stellte für die englische Führung ein Problem dar. Abtrünnige Kolonisten, die er in seine Stämme einzugliedern gedachte, waren Powhatan anfänglich willkommen gewesen. Hier im Rahmen des Friedensabkommens vom Aprilbeginn 1614 verzichtete er auf diese Art von Integrationspolitik. Fünftens sagte er zu: »Wenn irgendwelche seiner Männer uns etwas stehlen oder unser Vieh töten sollten, würde er sie zu derjenigen Bestrafung zu uns schicken, die uns angemessen dünkte.« Dies waren Powhatans Zugeständnisse, mit denen er das Geiseldrama zu beenden gedachte und auf die Dale sich einließ.

Nun, da Pocahontas offiziell frei war und der Chief überdies dem Verlangen seiner Tochter, in der Kolonie zu bleiben, sich nicht widersetzte, war John Rolfes Stunde gekommen. Jetzt konnte er formell um die Hand der Tochter anhalten, und dies tat er auch stehenden Fußes. Da Powhatan den englischen Regierungsvertreter als Patron seiner Tochter anerkannte (»meine Tochter soll dein Kind sein«), richtete John Rolfe noch am Ufer des York River eine entsprechende schriftliche Note an Sir Thomas Dale, die er durch seinen Freund Hamor überreichen ließ. Dale willigte natürlich ein. Pocahontas ihrerseits machte ihre Brüder mit dem Heiratsplan vertraut. Sie sollten ihn dem Häuptlingsvater übermitteln.

Wie würde der Alte darauf reagieren? Die Schiffe steuerten mit dem Brautpaar zurück nach Jamestown. Powhatan ließ bald von sich hören. Knapp zehn Tage später langte eine Delegation an. »Ein Teil (!) unserer Waffen wurde geschickt und zwanzig Mann mit Mais« (Dale). Das war das eine, die Erfüllung des ersten Versprechens. Und die Hochzeit? Die Delegation wurde von Prominenz angeführt, von Pocahontas' altem Onkel Opachisco und zweien ihrer Brüder – wahrscheinlich denselben, die sie am Strand des York River wiedergesehen hatte. Der Onkel kam in Vertretung Powhatans, um die Prinzessin ihrem Bräutigam zuzuführen. Der Alte hatte zugestimmt. Die Mädchen seines Volkes waren frei, sich ihre Liebhaber zu wählen. Daß John Rolfe keinen anständigen Brautpreis zahlte, verschmerzte der Alte angesichts des neuen Friedens. Wie er später erklärte, betrachtete er seine Tochter als »Pfand« (Hamor, 1615), das er den Engländern als Friedensgarantie überließ.

Noch vor Monatsmitte, um den 12. April 1614 herum, wurde in der Fachwerkkirche Jamestowns die Trauung mit den indianischen Gästen vollzogen. »Ihr Vater und ihre Freunde stimmten zu, und ihr Onkel übergab sie (dem Bräutigam) in der Kirche« (Dale). Die erste registrierte transatlantische Mischehe war geschlossen.

Der Frieden und der gedeihliche Handel, die hier im April 1614 anhoben, sollten über Pocahontas' und Powhatans Tod hinaus volle acht Jahre währen. Steinzeit und Neuzeit reichten sich für eine Weile freundlich die Hand.

Was hatte Powhatan bewogen, die Phase des aktiven Widerstandes zu beenden? Mit ihren Guerillaoffensiven der vergangenen viereinhalb Jahre hatte die Konföderation eine Expansion der europäischen Kolonie nicht verhindern können. Grausam hatten die bleichen Musketiere gewütet. Dale – derselbe, der seiner Schutzbefohlenen Pocahontas höflich begegnete – hatte ganze Ortschaften in der Nähe seines neuen Forts Henrico ausradiert, so das Dorf Appomattoc, in dem eine Tante der Pocahontas residiert hatte. Die Kinder eines Paspahegh-Häuptlings waren in den James River geworfen und kaltblütig erschossen worden. Frieden sollte sein, Sich-Arrangieren mit den Eindringlingen, die weder abziehen wollten noch sich vertreiben ließen. »Ich bin jetzt alt«, so zitiert Hamor 1615 nach einem Besuch Powhatan, »und würde gerne meine Tage in Frieden beenden.« Vielleicht trafen die alten Prophezeiungen ja zu, daß mit Gewalt der Bedrohung aus dem Osten nicht beizukommen war. Das Ende des Geiseldramas und die verwandtschaftliche Bindung durch Pocahontas' Heirat boten dem alten Häuptling willkommenen Anlaß, gegenüber den Kolonisten ein anderes Gesicht aufzusetzen. »Pocahontas-Frieden« wurde die neue Phase – die mittlerweile vierte – in den englisch-indianischen Beziehungen genannt.

Sir Thomas Dale beschrieb die unmittelbaren Folgen des Friedens im Juni 1614 so: »Ein Teil unserer Waffen wurde zurückgeliefert – eine Restitution unserer Ehre (!). Unser Vieh vermehrt sich ohne Gefahr, vernichtet zu werden. Unsere Männer haben das Recht, frei nach Wildbret zu jagen, zu fischen ... oder irgendwohin zu gehen ohne Gefahr sowie der Kultivierung unseres Maises sicher nachzugehen, wovon wir ungefähr 202 Hektar angelegt haben... Mit diesem Frieden können wir das Land jetzt besser erforschen, was in materieller Hinsicht nicht das Geringste ist.« Auch Dale träumte noch immer von Goldadern und anderen Bodenschätzen. Warum sollte es die Vorsehung mit den Kolonien der spanischen Erzkonkurrenten soviel besser gemeint haben?

John Rolfe selbst schrieb über den Pocahontas-Frieden: »Unsere Leute pflanzen und ernten ungestört und ziehen so frei und ohne Furcht zum Vogelfang und zur Jagd in die Wälder wie in England.« Angesichts der wirtschaftlichen Prosperität, die dem Frieden folgte, stimmte der erfolgreiche Agrarökonom fast poetische Töne an: »Jeder Mann sitzt sicher unter seinem Feigenbaum. Er sammelt und erntet die Früchte seiner Mühen mit viel Freude und Behaglichkeit.«

9

Der Stock ist nicht lang genug

Pocahontas' Englandreise und ihr Tod

Der Mann unterm Feigenbaum war natürlich auch der jung verheiratete John Rolfe selber. Pocahontas »lebt zivil und liebend mit ihm zusammen« (Dale). »Viel« und »wahre Liebesneigung« hegt sie »unveränderlich« für ihren Mann (Smith, 1624). Als eine Delegation den Powhatan-Chief Ende Mai 1614 an seinem Fluß, dem York River, aufsuchte, konnte ihm Hamor durch seinen Dolmetscher Thomas Salvage ausrichten, daß »seine Tochter so sehr befriedigt sei, daß sie ihr Leben nicht ändern und zurückkehren und wieder mit ihm leben würde. Daraufhin lachte er herzlich und sagte, daß er sehr froh darüber sei.«

Gut aufgelegt war der Chief. Angesichts des neuen Friedens war er sogar selbst zum Landeplatz am Ufer gekommen, um seine englischen Gäste zu begrüßen. Als Geschenk für Tochter und Schwiegersohn gab er der Delegation zwei weißgegerbte Hirschhäute auf die Heimreise mit.

Die Rolfes genossen ihre Zweisamkeit ein Stück flußabwärts von Henrico. Auch in ihrem neuen Zuhause gingen indianische Bedienstete Pocahontas zur Hand. Die Lokaltradition nennt die Varina Plantage als Rolfesches Anwesen, obwohl sich kein Dokument für diese Lokalisation finden läßt. 1615 kam ein Sohn Thomas zur Welt, »ein Kind, das sie herzlichst liebte«. (Smith)

Zum Dank für die Segnungen des »Pocahontas-Friedens« stiftete die Virginia Company in London der Powhatan-Prinzessin eine jährliche Leibrente auf Lebenszeit. John Rolfe avancierte Ende November 1616 zum offiziellen

Schriftführer der Kolonie. Ihrem Patron, dem amtierenden Gouverneur Sir Thomas Dale, war das Ehepaar freundschaftlich verbunden.

Im ersten Halbjahr 1616 schickte sich Sir Thomas an, seine Amtsgeschäfte in Virginia zu beenden und nach England zurückzukehren. John Rolfe erhielt den Auftrag, für den königlichen Hof einen Bericht über die Kolonie zu schreiben und diesen persönlich in England zu überbringen. Die ganze Familie Rolfe sollte mitkommen! Die Virginia Company würde die Reise sponsern, für Unterkunft, Verpflegung und Überfahrt sorgen.

Was Sir Thomas da einfädelte, geschah nicht aus purer Nächstenliebe. Er sah in der anpassungsfähigen Indianer-Prinzessin ein attraktives Werbemittel für die Kolonie. Schon Powhatan hatte seine charmante Tochter wiederholt als diplomatische Schachfigur eingesetzt, sowohl gegenüber anderen Stämmen als auch gegenüber den Engländern. Als Geisel war sie als politisches Druckmittel mißbraucht worden, und nun sollte sie als Musterindianerin, als Propagandawerkzeug herhalten. Hier stand sie, die erste gezähmte Wilde! In europäischen Kleidern bewegte sie sich grazil, sprach verständlich Englisch und wuchs in die Feinheiten englischen Denkens und Glaubens hinein. Hier stand es, das erste Paar legitimer Mischehe! Ein Symbol friedlicher Koexistenz. Ein Hoffnungzeichen für die Kolonie und für ihre Londoner Basis. Diese war noch nicht wieder aus den finanziellen Kalamitäten heraus. Eine neue Lotterie für die Virginia Company stand bevor. So kam Geld in die Kasse; zu gewinnen waren Teilhaberschaften an der Gesellschaft. Nichts kam da besser gelegen, als eine Truppe friedlicher federngeschmückter Indianer vorzuführen, im Gefolge einer richtigen Prinzessin, die jetzt englische Lady war. Sie waren also gar nicht so schlimm, diese »Wilden«, wie so oft erzählt wurde. Sie ließen sich sogar »zivilisieren«.

Mit solch einer Truppe vor Augen ließ sich leichter Geld für das Überseeunternehmen spenden. So ließen sich leichter neue Gesellschafter und neue Kolonisationswillige anwerben.

Der Segler, auf dem sich Sir Thomas und die Rolfes mit ihrem anderthalbjährigen Söhnchen einschifften, war ausgerechnet die »Treasurer« mit demselben Samuel Argall in der Kapitänskajüte, der drei Jahre zuvor Pocahontas entführt hatte. Mit an Bord kletterten knapp ein Dutzend indianischer Bediensteter und Begleiter. Auch eine zweite Prinzessin war mit von der Partie, die Pocahontas-Schwester Matachanna mit ihrem Mann Uttamatamakin, einem indianischen Priester und Powhatan-Ratgeber. Dieser sollte als offizieller Gesandter Powhatans am Londoner Hof auftreten. Der alte Chief hatte ihn aber auch beauftragt, im Land des englischen Königs seine Kundschafteraugen offenzuhalten. Stimmte noch, was Powhatans Diener Namontack vor acht Jahren über England erzählt hatte? Wie groß, wie stark war die Macht dieses Königs Jacob?

Bald auf See, wunderte sich Uttamatamakin, daß nachts nicht in Ufernähe geankert wurde, wie er es von längeren Bootsfahrten gewohnt war. Niemand hatte ihm erklärt, daß der weite Weg nach England nicht an Gestaden entlangführte, sondern die Küsten weit hinter sich ließ. Der indianische Priester hatte sich auf ein Unternehmen eingelassen, dessen Ausmaße er noch nicht erahnte. Später in England gab er es bald auf, bei jedem Engländer, dessen er ansichtig wurde, eine Kerbe in seinen Stock zu schnitzen.

Der Stock war nicht lang genug.

Die bunte Gesellschaft erreichte Plymouth im Juni 1616. Wiederum sorgte Pocahontas für Aufsehen. John Chamberlain schrieb nochmals nach Den Hague. Der Vizekammerherr der Königin Anne an den englischen Gesandten in Indien: »Sir Thomas Dale ist aus Virginia zurückgekehrt.

Er hat diverse Männer und Frauen dieses Landes mitgebracht, damit sie hier erzogen werden. Und ein (Mann namens) Rolffe, der eine Tochter des barbarischen Fürsten Pohetan namens Pocahuntas geheiratet hat, brachte seine Frau mit sich nach England.«

Tatsächlich war sie es, die ihn mitbrachte. Die Etikette am Londoner Hof sollte noch deutlich machen, wer der eigentliche Gast war. Die Powhatan-Tochter wurde vom Hofprotokoll als Fürstlichkeit behandelt, während der Gentleman Rolfe im königlichen Theater nicht einmal neben ihr sitzen durfte.

Ende Juni lief die »Treasurer« in London ein. Ein Spektakel hob an für die Londoner, die 1603 schon einmal drei Indianer auf der Themse begafft hatten. Die drei hatten damals zum Gaudium der Massen in einem importierten Kanu etwas vorgepaddelt. Auch ein weibliches Wesen indianischer Provenienz war 1605 in England bereits bewundert worden – eine der fünf von Kapitän Weymouth aus Maine entführten Algonkin-Indianer. Aber eine richtige eingeborene »Prinzessin«, wie die Engländer sie titulierten, war hier noch nicht aufgetreten. Solange Pocahontas in London weilte, sollte sie Stadtgespräch bleiben. Monatelang war sie eine Sensation, der zu begegnen sich viele Damen und Herren von Stand die Hacken abliefen.

War es britischer Humor, war es Zufall? Pocahontas und ihr Gefolge wurden in der Nähe von St. Paul's im Hotel »Belle Sauvage« einquartiert. Hier war sie, die schöne Wilde! Und ihr Hotel war lärmig. Neben den Gästen des traditionsreichen Hauses, neben ihren Wagen und Pferden strömten immer wieder Londoner hierher, um auf der Bühne im Hof Gaukler, Tierschausteller und Theaterstückchen zu beklatschen. Ein fürchterlicher Trubel, unpassend für eine »princess«, wie Ben Jonson fand, der nach Shakespeare bedeutendste Dichter unter König Jacob. In seiner Komödie *The*

Staple of News beklagte er, daß »Pokohontas, ... des großen Königs Tochter von Virginia, im Schoß einer Tavern gewest«. Jonson war in der Literaturgeschichte der erste, der die Powhatan-Tochter zum Sujet erhob.

London muß die Gäste aus Virginia überwältigt, wenn nicht erdrückt haben. Hier wohnten tausendmal mehr Leute als in Werowocómoco, eine Viertelmillion. Der Lärm dröhnte in Ohren, die an die leisen Geräusche der Wälder Virginias gewöhnt waren. Das morgendliche und abendliche Baderitual im Fluß fiel für die indianischen Gäste aus, denn die Themse stank von ungeklärten Abwässern. Gleichwohl imponierten die Bauten Londons. Selbst europäische Reisende der Zeit waren vom Stadtbild beeindruckt. In den königlichen Palast von Whitehall über der Themse paßte Werowocómoco gleich mehrmals hinein.

Für den Hof in Whitehall war das Thema »Exotik«, »Kultur-« und »Naturmensch« keine Nouveauté. Shakespeares *The Tempest* war dort 1611 aufgeführt worden. Anläßlich der Vermählung einer Prinzessin hatten im Jahre 1613 Schauspieler in befederten Indianerkostümen die Hochzeitsgäste szenisch unterhalten. Sogar schon am Hof Heinrichs VIII. war ein südamerikanischer Indio ausgestellt worden. Von seinem erregend großen Penis sprach die Damenwelt noch lange, wenn Shakespeares Echo in *Heinrich VIII.* zu trauen ist: »Haben wir einen Indianer mit großem Glied zu Hofe kommend, daß die Frauen« so den Palast »bestürmen?«. Und 1584/85 hatte Elisabeth I. einen jungen Häuptling namens Manteo, der mit Raleighs Kapitän Barlowe aus North Carolina angereist war, zum »Lord von Roanoke« erhoben, ehe er in das von seinen Vorfahren ererbte Territorium, Roanoke Island, zurückgekehrt war. Manteo hatte sich diese zweifelhafte Ehrung gefallen lassen, während Powhatan nicht das Knie für dergleichen Possenspielerei beugte.

Die Indianer-Prinzessin aus Virginia wurde durch Lord und Lady Delaware am Hof des Stuartkönigs eingeführt. Lord Delaware trug nominell den Titel »Gouverneur von Virginia« auf Lebenszeit, obwohl er die Neue Welt schon ein halbes Jahrzehnt nicht mehr gesehen hatte. Der Lord war der ideale Verbindungsträger zwischen Whitehall und der gastgebenden Virginia Company.

Auch John Smith behauptet später (1624), einen Empfehlungsbrief für Pocahontas an Queen Anne geschrieben zu haben, in dem er die Verdienste der Prinzessin für die Kolonie hervorhob. Ohne sie, lobte er, hätte die Kolonie nicht überleben können. Im Blick auf ihre und ihres Vaters Hilfeleistungen in den Hungermonaten Januar/Februar 1608 übertreibt dieses Urteil nicht. Auch die Segnungen des »Pocahontas-Friedens« seit 1614 standen außer Zweifel.

Die Hofetikette schreckte Pocahontas nicht; sie lernte schnell unter Lady Delaware. Bei allen Einladungen in Whitehall bewegte sie sich »mit viel Anstand« und zeigte »viel Größe in ihrer Haltung« (Beverley). Überflüssig zu sagen, daß sie das ganze genoß, wie Smith und Stith berichten.

Zur Audienz beim König begleitete sie ihr Schwager Uttamatamakin als Gesandter Powhatans. Ehemann John Rolfe mußte im Hotel bleiben. Er reichte zwar irgendwann dem Hof seinen Bericht über die Kolonie ein, wurde als bloßer Gentleman aber nicht zur Audienz geladen. Der Earl von Pembroke begrüßte als Whitehalls Lord-Kammerherr Uttamatamakin und Pocahontas. Ihm war daran gelegen, der Prinzessin ein gutes Entree bei Jacob I. zu verschaffen, da er selber Geld in die Virginia Company investiert hatte und die Kolonisation der Neuen Welt befürwortete. Er geleitete die beiden in die weite Halle des »Presence Chamber«, wo nach umständlichem Präsentationsritual dem Monarch die Hand geküßt wurde.

Wenn Pocahontas gehofft hatte, einer majestätischen Statur vom Schlage ihres Vaters vorgestellt zu werden, so

König Jacob I. (1603–1625)

wurde sie enttäuscht: Untersetzt, nur mittelgroß, gebrech-
lich, so saß ihr Jacob I. gegenüber – ein Opfer der englischen
Krankheit, der Rachitis. Stand er auf, war sein Gang wat-
schelig, und er stützte sich meist auf die Schultern anderer.
Doch als Reiter hatte er guten Ruf, und im Kopf war er
helle. Gelehrt und besonders als Biologe interessiert hatte er
sich 1609 Flughörnchen aus den Wäldern Virginias von
John Smith zum Studium mitbringen lassen. So waren seine
Interessen gelagert. Von Tabak hielt er nichts. Eigenhändig
hatte er sogar eine Schrift gegen das Rauchen des Krautes
verfaßt und seine Leser darin mit gruseligen Autopsiebe-

richten geschockt. Daß John Rolfe mit Tabakanbau in Virginia experimentierte, hätte dem König wenig behagt, wäre es ihm persönlich zur Kenntnis gelangt. Ob dieses Thema in der Audienz mit Pocahontas zur Sprache kam, läßt sich ebensowenig wie der Rest des Gesprächs mit Sicherheit rekonstruieren. Jagdmethoden, Naturkunde und Religion, das waren Themen, die den König interessierten. Was die Ökonomie der Kolonie betraf, so steuerte – wenn nicht der König selbst – zumindest seine Regierung zu Lebzeiten John Rolfes einen Antitabak-Kurs: Diversifikation hieß die Devise, verschiedenste Früchte sollten angebaut werden. Sogar mit Seidenraupen experimentierten frühe Virginia-Pflanzer. Die Monokultur des Tabaks setzte sich auf dem Markt gegen die offizielle Politik Londons durch – sehr zum Mißfallen des Monarchen. Verschnupft war der König auch darüber, daß der einfache Gentleman Rolfe sich unterfangen hatte, um die Hand einer Fürstentochter anzuhalten.

Uttamatamakin war nach der Audienz alles andere als beeindruckt. Ihm mußte später mehrmals bestätigt werden, daß dies wirklich der Monarch gewesen war, den er hier gesehen hatte. Er hatte etwas anderes erwartet. Ein richtiger König, so dachte er aufgrund indianischen Rituals, hätte dem Gesandten eines anderen Herrschers ein Geschenk gemacht. »Ihr (Engländer) übergabt (seinerzeit im Jahr 1608) Powhatan einen weißen Hund, den Powhatan (als einen Abgesandten von König Jacob) wie sich selber ernährte. Aber euer König gab mir nichts, und ich bin besser als euer weißer Hund«, kommentierte Uttamatamakin »traurig«. (Smith 1624)

Im Januar 1617 wurde Pocahontas zu einem besonderen gesellschaftlichen Ereignis an den Hof geladen. Whitehall erglänzte in der Weihnachts- und Neujahrszeit in allen Farben. Kronprinz Charles war im November zum Prince of Wales gekrönt worden und feierte als solcher sein Hofdebut. Feuerwerke erhellten den Londoner Nachthimmel und werden die indianischen Gäste im »Belle Sauvage« nicht schlecht erschreckt haben. Zur Gala des »Twelfth Day«, des zwölften Weihnachtstages, dem Höhepunkt aller Festivitäten, nahm Pocahontas in der Nähe des Monarchen auf der königlichen Estrade Platz. Ein Maskenspiel wurde geboten. Nur exklusivste Gäste waren in die Banketthalle geladen. Begleitet wurde die Prinzessin wieder vom diplomatischen Gesandten ihres Vaters, Uttamatamakin, und nicht von ihrem Mann. John Rolfe hatte einen Platz auf dem Balkon ergattert, wenn überhaupt. »In Begleitung des Ratgebers ihres Vaters war Pocahontas mit dem König und wurde huldreich behandelt, und beide, sie und ihr Assistent, waren gut plaziert beim Maskenspiel«. (Chamberlain)

Vision of Delight von Ben Jonson stand wahrscheinlich auf dem Galapremieren-Programm der »Twelfth Night« von 1617. Ben Jonson war 1616 zum Hofdichter, »Poeta laureatus«, aufgestiegen und schrieb in Kooperation mit dem genialen Bühnenbildner Inigo Jones zahlreiche Maskenspiele für den Hof. In dieser »Twelfth Night« präsentierte kein Geringerer als der frischgebackene Earl von Buckingham vor dem Publikum seine Tanzkunst. »Träume, die Flügel, und Träume, die Honig haben«, so hörte Pocahontas von der Bühne. Musik und Gesang, ihr noch ungewohnt, drangen ans Ohr. Kostüme berauschten die Sinne. Ein Mondwagen schwebte mit seinem Lenker über die Bühne. Das Bühnenbild einer Straße verwandelte sich geheimnisvoll in Wolkenlandschaft. Waren die Europäer vom Maisernte-Maskenfest Werowocómocos im Jahre 1608 berauscht gewesen, hier zog das Spiel der Engländer die Indianerin in den Bann. Nach dem Schlußbeifall luden die Mimen ihr nobles Publikum zum Tanz auf die große mit grünem Teppich ausgelegte Fläche zwischen Bühne und königlicher Estrade. »Der neu kreierte Earl tanzte mit der Königin.« (Chamberlain)

Queen Anne empfing die indianische Prinzessin mehrmals in ihren Privatgemächern. Willkommen war der blonden Dänin alles, was Amusement versprach. Eine charmante und temperamentvolle Exotin wie diese Powhatan-Tochter kam ihr gerade recht. Gerne hätte man gewußt, worüber die Damen sich unterhielten. Lady Arabella Stuart rümpfte gelegentlich die Nase über ihre Königin, die »wieder das Kind spielt«. Über die Zusammenkünfte mit Pocahontas sagt dies leider wenig.

Als einmal Rückreisepläne angesprochen wurden, tat Pocahontas dies »weh; es war ihrem Willen zuwider« (Chamberlain). Die Powhatan-Prinzessin machte eine glänzende Figur in der Gesellschaft. Der Riesenschritt von der Stein- in die Neuzeit war der intelligenten jungen Frau – jedenfalls äußerlich – meisterhaft gelungen. Sie war »sehr formvollendet... nach unserer englischen Art« (Smith). Eine interessante Begegnung reihte sich 1616/17 an die andere zu einer Perlenschnur des Erfolgs. Bälle und Theatervorführungen schmückten sich mit der Präsenz der Virginierin. »Diverse Personen von hohem Rang und Qualität waren sehr freundlich zu ihr« (Smith) und beeindruckt. Sogar die Geistlichkeit lobte: »Sie gewöhnte sich selber nicht nur an zivile Wohlerzogenheit, sondern gab sich stets als die Tochter eines Königs und wurde entsprechend geachtet – nicht nur von der (Virginia) Company, sondern von diversen besonderen Personen von Ehre, die eifrig hofften, durch sie das Christentum (in Virginia) zu befördern.« (Purchas)

Der Bischof von London empfing Pocahontas in seinem weiträumigen und für »großen Haushalt« bekannten Palais. Als Gastgeber übertraf er sich selber: »Der ehrenwerte ... Bischof von London, Doctor King, bewirtete sie mit Feststaat und Pomp jenseits dessen, was ich an seiner großen Gastfreundlichkeit gegenüber anderen Damen beobachtet habe.« (Purchas)

Die auf die Missionierung Virginias hinarbeitende Geistlichkeit setzte große Hoffnungen in die Powhatan-Tochter. Kleriker konferierten deshalb mehrmals auch eingehend mit Uttamatamakin, dem Theologen-Kollegen von der heidnischen Seite, um mehr über die Religion der Powhatan-Kultur zu erfahren. Mit Uttamatamakin »habe ich oft mich unterhalten«, schrieb Reverend Purchas, »im Hause meines guten Freundes Master Doctor Goldstone, wo er ein häufiger Gast war. Dort habe ich ihn sowohl singen (hören) als auch ihn seine diabolischen Weisen tanzen sehen. Und ich hörte ihn von seinem Land und seiner Religion vortragen.«

Der Powhatan-Priester vertrat eine Religion, die alles andere als primitiv war. In lyrischer Sprache wußten die indianischen Priester eine elaborierte Kosmologie vorzutragen. In reichen Ritualen – mit Tanz, szenischer Darstellung und ekstatischen Elementen – wurde der ganze Mensch angesprochen. Wie dem Christentum eignete auch der Algonkin-Religion eine moralische Dimension mit der Unterscheidung zwischen Gut und Böse. Gelebt wurde in Einklang mit einer religiös besetzten Natur. Nicht ein Buch, die Natur offenbarte Gott. »Es kann bislang in Virginia kein noch so wilder und einfacher Ort entdeckt werden, in dem die Einheimischen nicht eine Religion haben«, so beobachtete zu Anfang des 17. Jahrhunderts William Strachey. Die Früchte des Feldes wurden – wie im Christentum – als Gaben aus der Hand eines höchsten Schöpfergottes empfangen: »Gott machte bei der Schöpfung zuerst eine Frau, dann einen Mann, drittens großen Mais ... und viertens Tabak« (Anonymus des 17. Jh. bei Brown). Gott »lehrte sie, viele Arten von Mais zu pflanzen« (Purchas). Eine andere Algonkin-Legende führte die göttlichen Gaben von Mais, Bohnen und Tabak auf eine Tochter Manitous zurück: Jäger überraschten sie in einem Tal im Schlaf. Die Schöne bedeutete ihnen, im nächsten Sommer wiederzukommen. Da entdeckten sie an der Stelle, an der die rechte Hand der Tochter gelegen hatte, Mais, an der Stelle der linken Hand Bohnen, und Tabak stand dort, wo Po und süße Scham geruht hatten.

Die Londoner Prälaten und Uttamatamakin hatten sich viel zu erzählen. Ein von Dale organisierter Dolmetscher übersetzte hin und her, wie Reverend Samuel Purchas berichtet. Die Anglikaner waren auf diese Gespräche gut vorbereitet. Sie wußten bereits genau, an welchen Punkten innerhalb der indianischen Theologie sie mit ihrer christlichen Lehre anknüpfen konnten. Denn bereits 1588 hatte Thomas Hariot, der wissenschaftliche Begleiter der Raleigh-Expedition von 1586, seine Beobachtungen zur Religion der Algonkin-Indianer North Carolinas publiziert:

> Sie glauben an viele Götter ... verschiedener Arten und Rangstufen. [Über diesen vielen gibt es aber für sie] einen einzigen Chiefgott und Großen Gott, der seit aller Ewigkeit besteht.
>
> Als dieser die Welt zu schaffen beabsichtigte, machte er, wie sie versichern, zuerst andere Götter von einer ersten Rangordnung. Die benutzte er als Mittel und Instrumente bei der folgenden Schöpfung und Herrschaft. Und danach entstanden die Sonne, der Mond und die Sterne als kleine Götter [zweiter Ordnung] und als Instrumente der anderen, übergeordneten Rangstufe.
>
> Zuerst, sagen sie, wurden Wasser geschaffen, aus denen die Götter die ganze Verschiedenartigkeit der sichtbaren und unsichtbaren Kreaturen schufen.

Hieran konnten die Prälaten anknüpfen, wenn sie den jüdisch-christlichen Schöpfungsbericht der Bibel verglichen, wo ebenfalls Gestirne und Wasser am Anfang stehen.

Von der Menschheit, sagen sie, wurde zuerst eine Frau geschaffen. Durch das Wirken eines der Götter empfing sie und gebar Kinder. Und in dieser Weise, sagen sie, nahmen sie ihren Anfang...

Sie denken, daß alle Götter menschliche Züge tragen, und deshalb stellen sie sie in Menschengestalt durch Bilder dar... Diese postieren sie in geeigneten Häusern oder Tempeln... Dort verehren sie, beten, singen und opfern sie ihnen vielmals. In einigen [Heiligtümern] haben wir nur ein [Bild] gesehen, in anderen zwei, in anderen drei. Die gemeinen Leute halten auch [die Bilder] für Götter.

Sie glauben auch an die Unsterblichkeit der Seele. Nach diesem Leben, sobald sie aus dem Körper ausgezogen ist, wird die Seele gemäß der getanen Werke entweder zum Himmel getragen, der Heimat von Göttern, um dort dauerndes Entzücken und Glückseligkeit zu genießen. Oder aber sie fährt in eine große Grube oder Loch, um dort unaufhörlich zu brennen. Dieses Loch liegt ihrer Vorstellung nach in den entlegensten Teilen ihres Erdteils in Richtung Sonnenuntergang. Sie nennen den Ort Popogusso. [Berichte von Scheintoten standen hoch im Kurs. Ein wiederbelebter Indianer sagte aus, seine Seele sei] sehr nahe daran gewesen, in den Popogusso zu fahren, hätte nicht einer der Götter ihn gerettet..., damit er zurückkehrte und seine Freunde lehrte, was sie tun müßten, um den schrecklichen Ort der Qual zu meiden. [Ein anderer legte dar, seine Seele sei während des Scheintodes] auf einem langen breiten Weg weit gereist. Auf beiden Seiten desselben wuchsen wohlgefällige Bäume... Sie trugen köstliche Früchte, mehr, als er jemals zuvor gesehen hatte. Schließlich gelangte er zu lieblichen Häusern... In der Nähe traf er seinen Vater, der vorher gestorben war. Der machte es ihm zur dringenden Aufgabe, wieder zurückzugehen und seinen Freunden darzulegen, was an Gutem sie tun müßten, um die Freuden dieses Ortes zu genießen.

Die Prälaten fanden genügend Berührungspunkte für das Gespräch mit Uttamatamakin. Doch für solche Themen, an denen christliche Mission anknüpfen konnte, zeigte Powhatans Priester kein Interesse. Der Reverend Purchas schüttelte den Kopf über diesen störrischen Schwager der Pocahontas, der als indianischer Traditionalist keinen Zoll von seinen Positionen wich – genausowenig wie die Prälaten von den ihrigen. »Ein Lästerer dessen, was er nicht kannte, zog er seinen Gott dem unseren vor«, »fanatisch in seinem Aberglauben«, urteilte Purchas. Nicht einmal in europäische Garderobe ließ der Priester sich zwängen. Aber höflich blieb er trotzdem und zeigte sich sogar entgegenkommender als die Prälaten: Er konzedierte »uns, daß wir die Jungen und Mädchen unterwiesen, die von dort herübergebracht worden waren. Er selber sei jetzt zu alt zum Lernen.« (Purchas)

Uttamatamakin fühlte, wie ernst es die Londoner mit ihrem Bekehrungseifer meinten. Die Virginia Company hatte bereits 1610 Lord Delaware mit auf den Weg nach Virginia gegeben, die christliche Mission unter den Einheimischen voranzutreiben. Zu diesem Ziel mögen »Sie einige von ihren Kindern herbeischaffen, damit diese in unserer Sprache und unseren Sitten aufgezogen werden. Und wenn Sie es für nötig halten, nehmen Sie ihnen zuerst durch einen Überraschungsakt die Priester weg und halten diese gefangen! Wenn sie halsstarrig obstinat sein sollten, schicken Sie uns etwa drei oder vier von ihnen nach England! Wir werden uns dort um ihre Bekehrung kümmern.«

Mit einem Uttamatamakin zumindest ließ sich dies nicht machen. Alleine – verlassen selbst von seiner Schwägerin – stand er in den Londoner Diskussionen seinen Mann.

Viele Begegnungen der Prinzessin wurden nur mündlich überliefert und erst viel später schriftlich festgehalten. Der historische Wert solcher Traditionen läßt sich kaum noch

Ætatis suæ 21. Aº. 1616.

Pocahontas. Ölbild vermutlich des 18. Jahrhunderts nach dem Stich von 1616.
National Portrait Gallery, Washington, D. C.

nachprüfen. Sah Pocahontas zum Beispiel Sir Walter Raleigh, der im März 1616 aus dem Tower entlassen worden war? Traf sie seinen Freund Henry Percy, den Earl, der dort immer noch Pfeife rauchend saß und sich genauso brennend für die Erforschung der Neuen Welt interessierte wie sein Bruder George und Raleigh? Henry Percy wurde gefangengehalten, weil er angeblich in eine Verschwörung verwickelt gewesen war, die 1605 mit Schießpulver das Parlament und die königliche Familie in die Luft zu jagen geplant hatte. Die Teilnahme an dem »Gunpowder Plot« wurde dem Earl nie nachgewiesen. Dennoch blieb Henry Percy bis 1621 in Haft. Der Legende nach soll er der Prinzessin aus Virginia ein Paar Ohrringe geschenkt haben, die heute in Jamestown den Besuchern gezeigt werden.

Sah Pocahontas ihre angeheirateten Verwandten? Rolfes Herkunft in England läßt sich nur hypothetisch ermitteln. Wahrscheinlich stammte er aus Heacham in Norfolk County an der Ostküste. Sein Vater, John Rolfe senior, ein Landbesitzer und »gentleman«, »vermehrte seinen Familienbesitz durch Export und Import von Gütern, die in England entweder reichlich vorhanden waren oder gebraucht wurden«, wie sein Epitaph in der Kirche von Heacham verkündet. Unternahm Pocahontas die tagelange Reise bis dorthin? Die Nachfahren der Rolfes hüten diese Reise als unantastbare Familientradition. Gesichert ist zumindest die Existenz des Rolfe-Bruders Henry, der als Londoner Kaufmann Ansehen genoß und Teilhaber der Virginia Company war.

Noch 1616 saß Pocahontas Porträt. Ein in Köln geborener Künstler, Simon van de Passe, zeichnete sie. Das Konterfei diente als Vorlage für den bekannten Stich (siehe Frontispiz): herb-schön mit markant indianischen Zügen, aber als Lady Rebecca europäisch gewandet. Einen Fächer aus Straußenfedern hält sie in der Hand; ein brokatgemusterter Übermantel öffnet sich vorn. Vor allem ihr Vivace-Temperament, ihre Körperbeherrschung und -haltung, Statur und Intelligenz übten eine Faszination auf die europäischen Zeitgenossen aus, die die stumme Zeichnung höchstens erahnen läßt. Simon van de Passe nennt Pocahontas' Alter: Einundzwanzig war sie im Jahre 1616.

Der Stich fand viele Käufer. Der unermüdliche Briefschreiber John Chamberlain schickte ein Exemplar an seinen Freund in Den Hague. Im selben Brief schimpfte Chamberlain im übrigen als Gesellschafter der Virginia Company, daß mit seinem Geld die »arme Virginia-Gesellschaft aus ihrer Mittellosigkeit genötigt ist, (der Pocahontas einen größeren Betrag) pro Woche zu ihrem Unterhalt zu gestatten«.

Die indianischen Züge der Porträt-Zeichnung Simon van de Passes waren vielen späteren Künstlern nicht »schön« genug; sie wurden durch nachkommende Maler bis zur Unkenntlichkeit abgemildert. Schon das alte Ölbild in der National Portrait Gallery in Washington, das aus dem Besitz von Nachfahren der Heacham-Rolfes stammt, scheint zu idealisieren. Das Bild entstand vermutlich im 18. Jahrhundert und hat Simon van de Passes Porträt zum Vorbild. Europäisiert wirkt Pocahontas auch im Washingtoner Kapitol auf dem Taufgemälde der Rotunde, wo sie sich von den indianischen Stammesverwandten seltsam abhebt.

Die Londoner machten Ernst mit ihrem Projekt, Kinder der Powhatan-Stämme in christlichen Schulen zu europäisieren. Zwischen Jamestown und Henrico sollten eine Grund- und eine weiterführende Schule errichtet werden. König Jacob stimmte 1617 dem Projekt zu und bat die Erzbischöfe von Canterbury und York, Spendenaktionen zu initiieren. Selbst viele Indianer schienen nicht abgeneigt, ihre Kinder zusammen mit weißen Siedlerkindern in die Schule am

Die erste Schule für indianische und englische Kinder wurde 1619 eröffnet.

Ufer des James River zu schicken: Sie »sind willig, sich von ihren Kindern zu trennen«, meinte zumindest John Rolfe 1617 beobachten zu können. Der »Pocahontas-Frieden« in der Kolonie machte einen solchen Stimmungsumschwung möglich. Ursprünglich war geplant gewesen, daß die christianisierte Pocahontas – als leuchtendes Beispiel und Identifikationsobjekt für die Kinder – das Schulprojekt vor Ort aktiv beförderte. Doch dazu sollte es nicht kommen.

Bereits Ende August 1616 hatte in England trotz schönen Wetters eine Grippeepidemie um sich gegriffen. Besonders im Herbst und Winter erkrankten die meisten indianischen Gäste, deren Immunsysteme an europäische Infekte nicht gewöhnt waren. Nebel und Qualm aus den Londoner Kaminen taten ein übriges, den Gästen das Atmen zu erschweren. »Diese neblige und widerwärtige Stadt«, schimpfte John Chamberlain; der König fand sie »schmutzig«. Im

Laufe ihres England-Aufenthaltes starben etwa sechs von Pocahontas' Begleitpersonen. Die andere Hälfte ihrer Entourage hüstelte, kränkelte und kostete die Virginia Company Geld »für das Anwenden von Medizin und Stärkungsmitteln«, wie die Unterlagen der Gesellschaft ausweisen. Für eine Indianerin, die in England zur christlichen Erziehung bleiben sollte, um später als Missionarin nach Virginia zurückzukehren, zahlte die Virginia Company noch 1620 Arztrechnungen.

Pocahontas zog mit ihrem Mann und dem kleinen Thomas gegen Ende des Winters aus der Großstadt hinaus in die gesündere Landluft von Middlesex. Vermutlich war durch George Percys Verbindungen das neue Quartier in Branford aufgetan worden. Percy weilte bereits seit 1612 wieder in Europa. In Branford war seine Familie begütert. Hier war die Themse noch nicht verschmutzt, hier schweifte der Blick über Felder und Bäume. Thomas Hariot wohnte in der Nähe – derselbe, der 1586 die Religion der Algonkin-Indianer North Carolinas erforscht und sich als Linguist um die Erfassung ihrer vokalreichen Sprache bemüht hatte. Hariot dürfte sich brennend für seine Nachbarn interessiert haben.

Wer sich monatelang nicht hatte blicken lassen, um seine Aufwartung zu machen, war John Smith. Er war der Virginia Company gram, weil sie ihm trotz mehrerer Bewerbungen nie wieder einen Posten angeboten hatte; seine alten Gegner saßen am längeren Hebel. So war Smith zur Konkurrenz, zur Plymouth Company, übergewechselt, die sich für die nördlicheren Gestade der Neuen Welt interessierte. Im Sommer 1616 bereitete der Captain seine dritte Expedition nach Neuengland vor. Zwischen London und Plymouth reiste er emsig hin und her, rekrutierte Mannschaften und umwarb Sponsoren. Für einen Besuch bei Pocahontas, dem Gast der Virginia Company, fand er wenig

Zeit: »In der Vorbereitung fürs Segelsetzen nach Neuengland konnte ich nicht verweilen, ihr den Dienst zu erweisen, den ich begehrte und den sie wohl verdiente.« Vielleicht scheute er sich auch, John Rolfe gegenüberzutreten, der ein Funktionär der Virginia Company war und im übrigen das verleumderische Gerücht von 1609 gehört haben mußte, das Smith' Namen mit dem der Pocahontas verknüpfte: Er, John Smith, habe eine eheliche Verbindung mit Pocahontas angestrebt, um das Erbe Powhatans in der Konföderation an sich zu reißen. Nicht auszuschließen ist auch, daß der Captain auf Rolfe ein wenig eifersüchtig war. Voller Selbstmitleid schrieb Smith 1624: In der Neuen Welt »besitze ich keinen Fuß Land, auch nicht das nämliche Haus, das ich baute, auch nicht den Grund, den ich mit meinen eigenen Händen grub«.

Erst irgendwann zu Beginn des Frühjahrs 1617 gab sich Smith einen Ruck. »Ich ging mit diversen Freunden von mir los, (Pocahontas) zu sehen, als ich hörte, daß sie in Branford war... Nach einer sittsamen Begrüßung drehte sie sich ohne ein Wort um und verdeckte ihr Gesicht, als schiene sie nicht sehr zufrieden. In dieser Gemütslage ließen wir alle – ihr Mann und diverse andere – sie für zwei oder drei Stunden allein.«

Was hatte diese Reaktion ausgelöst? Glaubte sie, einen Wiederauferstandenen zu sehen, einen Geist? Im Herbst 1609 war den Powhatan-Indianern erzählt worden, Smith sei an seiner Oberschenkelwunde gestorben. Die Führung der Kolonie hatte damals absichtlich verheimlicht, daß der von indianischer Seite geschätzte Unterhändler nach England zur Heilung expediert worden war. Freilich hatte Pocahontas längst erfahren, daß Smith lebte, auch wenn sie ihn seit Anfang 1609 nie wiedergesehen hatte. Ein anderer Grund ließ sie die Haltung verlieren.

Pocahontas war an diesem Vorfrühlingstag 1617 nicht erschreckt. Sie war empört. Nachdem sie ihre Contenance zurückgewonnen hatte, gesellte sie sich wieder zu den Gästen und beteiligte sich an der Konversation. »Sie rief mir«, fährt Smith fort, »sehr die Höflichkeiten ins Gedächtnis, die sie (der Jamestown-Kolonie im Jahre 1608 mit ihren Hilfsmissionen) getan hatte.« Darin lag bereits ein Vorwurf versteckt. Aber die Prinzessin wurde noch direkter. Smith zitiert sie in der ersten Person, eine seltene Stelle: »Du versprachst Powhatan: Was dir gehörte, sollte auch ihm gehören – und was ihm, genauso dir. Du nanntest ihn Vater, als du in seinem Land ein Fremder warst. Und aus demselben Grund muß ich genauso dich ›Vater‹ nennen, während ich als Fremde in deinem Land weile.«

Das also war es: Smith hatte seine Loyalitätspflicht gegenüber Powhatan vernachlässigt, die Powhatan-Tochter während ihres Besuches in der Fremde sträflich geschnitten, sie nicht einmal besucht, und das monatelang. Smith hatte vor acht Jahren in Virginia als adoptiertes Mitglied der Powhatan-Familie den Schutz des Häuptlingsvaters genossen. Er und seine Mannen waren im Jahre 1608 von Powhatan vorm Hungertod bewahrt worden – durch eben die Hilfssendungen, die sie, die Tochter, angeführt hatte. Nun, acht Jahre später, wäre es an Smith gewesen, seine Schuldigkeit zu tun. So empfand es die Indianerin. Es wäre seine Pflicht gewesen, sich wie ein Patron um sie zu kümmern, während sie als Powhatans Tochter in der Fremde weilte. Smith hätte Powhatan vergelten müssen, was dieser als Patron an ihm getan hatte. Der Captain hatte seine Familienpflichten verletzt. Noch einmal war schmerzlich ans Licht gekommen, daß der Integrations- und Adoptionsversuch von 1608 eine einseitige indianische Maßnahme gewesen war, die Smith nie richtig verstanden hatte.

Kümmerlich fiel auch Smith' Entschuldigung aus: »Ich wagte nicht, mir diesen Titel (›Vater‹) zu erlauben, denn sie war eines Königs Tochter.« Aber der Captain war auch, so sah sie es, der adoptierte Sohn dieses Königs!

Hatte er nach all den Jahren immer noch nicht verstanden?

Temperamentvoll wie sie war, setzte die Königstochter gleich nach: »Fürchtest du dich hier davor, daß ich dich Vater nennen sollte? Ich sage dir dann, ich werde es tun, und du sollst mich Kind nennen, und auf diese Weise werde ich für immer und immer eure Landsmännin sein!«

Nun war auch dies noch heraus: Sie wollte eine Engländerin sein; aber für sie war diese neue Identität nicht nur durch Heirat und Taufe gestiftet. Sie wollte sich als quasi adoptierte Tochter des John Smith fühlen können, der seinerseits mit ihrem Vater durch Adoption verwandtschaftlich verbunden war. Diese Vorstellung war ihr wichtig, wenn sie an ihre Assimilation an die englische Kultur dachte.

Der Text offenbart, wie sehr die Powhatan-Tochter auch in englischer Adelstracht noch in den indianischen Kategorien von Familien- und Stammeszugehörigkeit dachte, wie wichtig ihr die Adoptionsverhältnisse waren, die in ihrer angestammten Kultur eine Rolle spielten. Die Stelle ist ein Musterfall interkulturellen Dialogs – und Mißverstehens. Sie belegt im übrigen auch noch einmal, daß die historische Pocahontas gegenüber Smith lediglich töchterliche Gefühle hegte. Er war ein väterlicher Freund für sie, ein Familienmitglied. Ihre erotische Liebe umfing andere. Überdies liefert dieser Text ein letztes, aber entscheidendes Indiz dafür, daß seinerzeit im Januar 1608 in Werowocómoco tatsächlich eine Adoption stattgefunden hatte. Nur so läßt sich der harsche Tadel in Branford verstehen.

Smith und seine Begleiter werden kleinlaut von dannen gezogen sein. Immerhin waren sie sich einig, daß »sie viele englische Ladies gesehen hatten, die weniger begünstigt, proportioniert und im Benehmen gewandt waren« (Smith). Nach dem Abgang der Gäste dürfte es vermutlich auch noch einen Hauskrach zwischen den Ehepartnern gegeben haben, denn während des Gesprächs mit den Besuchern war auch die Lüge vom Tode Smith' noch einmal zur Sprache gekommen. Smith zitiert Pocahontas: »Sie (die Leute von der Virginia Company) erzählten uns immer, du seist tot. Und ich wußte nichts anderes, bis ich nach Plimoth kam. Aber Powhatan befahl Uttamatamakin, dich zu suchen und die Wahrheit zu erfahren, denn deine Landsleute lügen viel...« Dieser Vorwurf blieb vermutlich auch ihrem Ehemann nicht erspart.

Im übrigen zeigt der Text, daß Powhatan auch nach all den Jahren nicht von seinem Adoptivsohn ließ; er hatte seinen Vertrauensmann, Uttamatamakin, auf ihn angesetzt. Der Priester hatte Smith in London tatsächlich auch aufgestöbert und »seine Bekanntschaft erneuert«. Uttamatamakin »erzählte mir«, so berichtet Smith von der Begegnung, »Powhatan habe ihm geboten, mich aufzufinden; ich sollte ihm unseren Gott, den König, die Königin und den Prinzen zeigen, von denen ich ihnen soviel erzählt hatte. Von Gott erzählte ich ihm, so gut ich konnte. Den König, so vernahm ich, hatte er (bereits) gesehen. Und den Rest sollte er sich ansehen, wenn er wollte.«

Auch hier hatte Smith als adoptiertes Stammesmitglied kläglich versagt! Powhatan hatte seinen Botschafter zu Smith geschickt, damit dieser in London Kontakte knüpfte und Begegnungen vorbereitete. Smith' Einfluß war damit von den Powhatan-Leuten maßlos überschätzt worden. Aber zu sagen, »den Rest schau dir an, wenn du Lust hast«, war eine Ohrfeige ins Gesicht des Stammesbruders. Auch hier hatte Pocahontas, von indianischen Voraussetzungen ausgehend, allen Grund gehabt, sich über Smith und seine ignorante Nachlässigkeit zu ärgern.

Gesundheitlich ging es der Prinzessin trotz der Landluft immer schlechter. Auch ihr Zweijähriger, der noch gestillt wurde, wenn sie indianischem Brauch treu geblieben war, und ihre Schwester Matachanna kränkelten. Seit November hatten südwestliche Winde und Sturmböen »schmuddeliges« Dauerregenwetter beschert, wie im Februar 1617 Chamberlain in einem Brief stöhnte. Die Virginia Company rüstete zur Rückreise. Vielleicht würde die Seeluft des Ozeans der Prinzessin helfen. Die Diagnose Pocken, wie sie für Pocahontas immer wieder konstatiert wird, hält nicht stand, da die Virginierin mit solchen Symptomen kein Schiff hätte besteigen dürfen. Vermutlich litt sie an einem europäischen Atemwegs- und Lungeninfekt, der sich von ihrem unvorbereiteten Immunsystem nicht abschütteln ließ. Sie war ein Opfer des Ferntourismus, schon damals.

In der zweiten Märzhälfte 1617 gingen die Reisenden an Bord des Flaggschiffs »George«, das wieder von Argall kommandiert wurde. Zwei Segler begleiteten. Der Verband hatte seit Februar zum Segelsetzen bereitgelegen. Nur ungünstige Winde hatten die Abreise verzögert.

Die kleine Flotte wurde auf ihrer Fahrt die Themse hinunter zum Totenzug. Der Zustand der Prinzessin verschlechterte sich dramatisch. In der letzten Flußschleife sah sich Argall gezwungen, das rechte Ufer anzusteuern. Ein Kirchort, Gravesend, lag hier. Die Mannschaft rief nach einem Arzt. Die Kranke wurde in den Christopher Inn unweit der Landungsbrücke getragen. So will es die eine Lokaltradition. Die andere redet von einer Hütte in der Stone Street.

»Alle Menschen müssen sterben« und »Es ist genug, daß mein Kind lebt«, lauteten einige ihrer letzten Worte, mit denen sie ihren Mann zu trösten versuchte (Rolfe, 1617). »Es gefiel Gott, diese junge Dame in Gravesend in seine Gnade aufzunehmen. Sie bereitete dort genausoviel Trauer über ihren unerwarteten Tod wie Freude für die Augenzeugen, die sie so religiös und fromm sterben hörten und sahen.« (Argall/Rolfe, 1617)

Aus Uttamatamakins Gesprächen mit dem Londoner Klerus wußte Purchas, daß die Powhatan-Indianer im Angesicht des Todes »kein Zeichen von Furcht oder Schrecken zeigen... Wenn sie sterben müssen, tun sie es resolut. Sie halten es für eine Schmach, den Tod zu fürchten.« Purchas war es auch, der später den Namen des Sterbeortes wenig originell als »Grabesende« volksetymologisch auflöste: »Sie kam nach Gravesend zu ihrem Ende und Grab.«

Die Kirche, in deren Chor sie bestattet wurde, war wie Argalls Schiff nach dem heiligen Georg benannt, dem englischen Nationalheiligen. Unter sein Dach war sie eingezogen. Dennoch fand sich niemand, der für die indianische Engländerin, die Durchreisende, deren Namen in dem Kenter Landstädtchen niemand kannte, eine Inschrift hätte meißeln lassen. Niemand kennt ihr Grab. Die Kirche von damals brannte 1727 nieder.

Das einzige Zeugnis aus Pocahontas' Zeit ist die Eintragung im Kirchenbuch: »Rebecca Wrolfe, Frau von Thomas Wrolfe Gentleman, eine geborene Virginia Lady, wurde im Altarraum begraben.« In der Eile waren dem Schreiber nicht einmal die Namen richtig in die Feder geflossen. So erscheint der zweijährige Thomas als ihr Ehemann. Als Datum wird der 31. März (nach Gregorianischem Kalender) angegeben, ein Freitag der Passionszeit vier Wochen vor Ostern. Mit am Grab, über dem sich die Fußbodenplatte des Altarraums schloß, stand Admiral Argall, ihr Entführer, der 1613 ihren Europäisierungsprozeß mit List und Gewalt auf den Weg gebracht hatte.

Die Trauergemeinde wird sich auf dem Weg zurück zum Inn in zwei Grüppchen aufgeteilt haben. Niemand wird Uttamatamakin davon abgehalten haben, in seiner indianischen Tracht heimische Trauerriten zu zelebrieren, zusammen mit seiner Frau, Pocahontas' Schwester, sich das Gesicht zu schwärzen und indianischen Klagegesang anzustimmen, der den Kentern schrill und fremd in den Ohren geklungen haben muß. Ein letztes Mal flackerte der Kontrast zwischen den Kulturen auf, bevor die »George« in der Themsemündung verschwand.

John Rolfe sorgte sich um den Jungen. »Es ist genug, daß mein Kind lebt«, hatte die Sterbende ihn ermutigt. Aber würde es leben? Argall hatte Rolfe schon in Gravesend bedrängt, den Jungen zurück nach London zu seinem Onkel, Henry Rolfe, zu schicken, um dem kranken Kind die wochenlange Atlantiküberfahrt zu ersparen. Es konnte ja nach seiner Genesung später nachkommen. Aber der Vater mochte sich nicht trennen. Erst in Plymouth, dem letzten Halt vor dem Ozean, siegte die Vernunft. Er vertraute das zweijährige Kind dem Vizeadmiral von Devonshire, Sir Lewis Stukely, an. Der war bereit, es zu pflegen, bis der Onkel aus London es in seine Obhut nehmen würde.

Wieder einmal hatte John Rolfe sich die Entscheidung nicht leicht gemacht. Wieder einmal plagten ihn Gewissensbisse – noch im Juni, als er aus Virginia nach London schrieb:

Ich weiß nicht, wie ich kritisiert werden mag dafür, daß ich mein Kind zurückgelassen habe... Auf unserer kurzen Fahrt nach Plymouth bei ruhiger See erkannte ich eine solche Gefahr und ein solches Risiko in seiner Gesundheit und in dem Mangel an Pflege! Er war nämlich noch nicht voll von seiner Krankheit genesen, und die, die ihn versorgten [vor allem Pocahontas' Schwester Matachanna], bedurften selber der Krankenwärter, was auch während der ganzen Überfahrt sich in der Tat nicht verbesserte. So habe ich auf den Rat von Captain Argall und diversen anderen hin, die auch die Gefahr voraussahen und die Unannehmlichkeit [der Reise] kannten, mich zu meiner Tat überreden lassen.

In der Trauer um Pocahontas – »groß ist mein Verlust und viel mein Leid« – tröstete ihn das genesende Kind: Es ist »die lebende Asche seiner verstorbenen Mutter«. »Gerettet ist mein Kind, gerade wie ein verkohltes Holzstück herausgerissen aus dem Feuer.« Um so schmerzlicher war, auch dieses letzte Pfand von Pocahontas in England hinter sich zu lassen.

Vater und Sohn sollten sich nie wiedersehen.

Trotz »dicken Nebels« und »diesigen Wetters« segelte Captain Argall einen neuen Atlantik-Rekord von fünfundvierzig Tagen heraus. In Virginia trennten sich die Wege Rolfes und seiner indianischen Anverwandten. Uttamatamakin kehrte zu Powhatan und Opechancanough zurück und »schimpfte auf England« (Argall, 1617). Ohne Zweifel warnte er vor den unerschöpflichen Menschen- und Materialreserven der Engländer und vor neuen und noch größeren Invasionswellen nach Virginia. Uttamatamakin wird Powhatan auch die Nachricht vom Tode seiner Tochter überbracht haben. Powhatan »klagt über den Tod seiner Tochter, ist aber froh, daß ihr Kind lebt. Das gilt auch für Opechancanough. Beide wollen es sehen, aber wünschen, daß es stärker wird, bevor es zurückkehrt« (Argall). »Um den Tod meiner Frau«, schrieb Rolfe, »wird sehr gewehklagt«.

Das Leben ging weiter. Demselben Brief an Edwin Dandys von der Virginia Company, in dem John Rolfe die schmerzvolle Trennung von seinem Sohn zu rechtfertigen und Worte für die Trauer um Pocahontas zu finden versuchte, fügte er als Postskriptum an: »Mögen Sie bitte, Sir, wenn die Gelegenheit sich bieten wird, mich für irgendeinen Führungsposten und einen Landbesitztitel in Erinnerung behalten – für mich und mein Kind...«

Bei seiner Rückkehr nach Virginia erlebte Rolfe einen ersten ökonomischen Boom der Kolonie. Tabak wuchs »an allen ... freien Stellen«, sogar »auf dem Marktplatz, den Wegen«. 20 000 Pounds Tabakblätter wurden 1617 nach Europa verschifft. Die Anbauflächen rund um die Siedlungen am James River dehnten sich aus. Auch John Rolfes Plantagen erstreckten sich weit. Er heiratete wieder. Zusammen mit seinem neuen Schwiegervater und »einigen anderen« besaß und bewirtschaftete er 688 Hektar am Unterlauf des James River. Weitere 162 Hektar gehörten ihm allein auf dem Südufer des Flusses unweit von Jamestown. Nach dem Amt des Schriftführers der Kolonie rückte er ins höchste Gremium, den Rat des Gouverneurs, auf. Auch im 1619 konstituierten Parlament der Kolonie, dem »House of Burgesses«, nahm er einen Sitz ein. Doch nicht lange genoß er seinen wirtschaftlichen und gesellschaftlichen Erfolg. 1622 starb der Siebenunddreißigjährige, nicht durch Indianerhand, wie oft angenommen, sondern wahrscheinlich im Bett: »krank im Körper, aber perfekt an Verstand und Gedächtnis«, wie er in seinem Testament festhielt.

10

Die Saat geht nicht auf, eine andere Pflanzung wächst heran

Tabak, Powhatan War und weitere Triebe

Der »Pocahontas-Frieden«, die von der Prinzessin und ihrem Vater eingeleitete friedliche Kooperation zwischen gleich starken Bevölkerungsgruppen, währte nicht sehr lange. Dunkle Hagelwolken zogen am Horizont auf, die die Ernte des weltenüberbrückenden Lebens der Prinzessin zerstören, ihr und ihres Vaters Friedenswerk zunichte machen, ja, die Macht des eigenen indianischen Volkes zerbrechen sollten. Tragischerweise trug ausgerechnet die von ihrem eigenen Ehemann eingeführte karibische Tabakpflanze zu diesem Ungewitter bei, ohne daß dies irgendeiner der Beteiligten anfänglich hätte ahnen können. Bald wurde eine für das politisch-soziale Gefüge verhängnisvolle ökologische Folge sichtbar – schon damals: Die neuen einträglichen Tabakanpflanzungen der Kolonisten laugten den Boden aus und zwangen die Pflanzer, immer wieder neues Land urbar zu machen, immer tiefer in indianisches Territorium einzudringen. Wurden 1617, in Pocahontas' Todesjahr, 20 000 Pounds Tabak exportiert, so ein Jahrzehnt später mehr als das Zwanzigfache. Der stetige Zustrom neuer Kolonisten von jenseits des Ozeans tat ein übriges, im indianischen Lager den Geduldsfaden zerreißen zu lassen. 1619 wurde an jeden Siedler, der in den letzten drei Jahren immigriert war, ein Bonus von rund 20 Hektar verschenkt; an jeden, der vor 1616 eingewandert war, sogar die doppelte Fläche. 1622 siedelten rund 3800 Europäer in der Region und verbrauchten in ihrem Streben nach dem blättrigen Gold den Boden.

Powhatan war im April 1618 gestorben. 1622 begab sich der neue Führer der Konföderation, Powhatans Halbbruder Opechancanough, mit seinen Mannen auf den Kriegspfad. In einem Überraschungsangriff massakrierte er 347 Kolonisten. Die Attacke war heimlich von langer Hand geplant und zur selben Zeit – kurz vor Mittag – an verschiedenen Orten entlang des James River ausgeführt worden. Unbewaffnet waren die Krieger mit Wild, Geflügel, Fisch und Früchten an die Türen gekommen, hatten ihre Waren zum Verkauf angeboten, in einigen Häusern sogar noch mit gefrühstückt, um dann plötzlich Frauen, Kinder, Männer mit deren eigenen Werkzeugen zu erschlagen. An diesem (nach Gregorianischem Kalender) 1. April 1622, einem Freitag der christlichen Passionszeit, endete der Pocahontas-Frieden, ein Frieden, der genau acht Jahre zuvor, Anfang April 1614, am Strand des York River geschlossen worden war. Ein makaberes Jubiläum, dem sich gleich noch ein weiteres hinzugesellte. Pocahontas' Todestag jährte sich in derselben Woche zum fünften Male. Mehr noch, ihr Begräbnistag am 31. März 1617 und der schwarze Freitag des 1. April 1622 lagen je eine Mondphase vor dem Osterfest des betreffenden Jahres: Beide Tage fielen auf den Freitag vier Wochen vor Karfreitag! Uttamatamakin hatte offensichtlich mehr in London gelernt, als die Prälaten sich träumen ließen. Und den Mond zu beobachten, verstanden seine Leute schon lange.

Die Gewaltspirale drehte sich wieder. Fürchterlich waren die englischen Vergeltungsschläge. John Smith zitiert solche Stimmen, denen Opechancanoughs Gemetzel gerade recht kam: Dieses Massaker war »gut für die Kolonie, denn jetzt haben wir (Engländer) gerechten Grund, sie mit allen zur Verfügung stehenden Mitteln zu vernichten«. Vorbei war die Zeit der Skrupel, des mühsamen »Zivilisierens« und mehr oder weniger sanften Christianisierens. »Unsere

Hände waren vorher durch Milde gebunden...Jetzt dürfen wir durch Kriegs- und Völkerrecht das Land einnehmen und die ausrotten, die uns zu vernichten suchten«, schrieb ein Sekretär der Virginia Company. »Ihre Orte abbrennen, ihre Heiligtümer schleifen, ihre Kanus zerstören, ihre Fischreusen rausreißen, ihren Mais wegtragen...«, so lauteten die Instruktionen aus London. Nur die Kinder »beiderlei Geschlechts« sollten verschont, in Schulen gesteckt, christianisiert werden, denn »ihre Körper können durch Arbeit und Dienst profitabel werden«. Eine Hoffnung, die trog. Im Gegensatz zu den Schwarzen ließen die Indianer sich nicht versklaven. Sie starben lieber, als sich unter diese Knute zu beugen.

Schon 1623/24 waren die meisten Indianer von der Halbinsel zwischen dem James und dem York River vertrieben. Kriegerische Jahre folgten für Virginia-Tidewater und Süd-Maryland. Eine Periode trügerischer Ruhe wurde 1644 von einem letzten indianischen Aufbäumen beendet: Fünfhundert Weiße fanden dabei den Tod. Doch der britische Vernichtungsschlag, unterstützt von christianisierten Einheimischen, ließ nicht auf sich warten. Opechancanough fiel. Der Powhatan-Konföderation wurde das Rückgrat gebrochen.

»Sie sind nicht länger eine Nation«, verkündete 1646 das Parlament der Kolonie. Ein »Friedensvertrag« desselben Jahres sah klare Demarkationslinien zwischen rotem und weißem Territorium vor. In einem Gebiet nördlich des York River durften die Eingeborenen sich noch bewegen. Als Robert Beverley am Ende des Jahrhunderts sich für die Indianer Virginias zu interessieren begann, sollte er nicht einmal mehr »fünfhundert kampffähige Männer« zählen.

Ein großer Teil der indianischen Bevölkerung wurde darüber hinaus durch ein unsichtbares Gespenst hinweggerafft. Gegen die meisten der in Europa verbreiteten Infekte besaßen die Einheimischen keine Immunabwehr. Mit dem ersten europäischen Fuß, der Virginias Boden betrat, waren die ersten dem Kontinent unbekannten Viren und Bakterien eingeschleppt worden. Schon die Masern bedeuteten tödliche Gefahr; auch mit Pocken infizierten die Weißen. Europäische Infekte rotteten massenweise indianische Dörfer aus. Was Pocahontas in England ereilte, traf viele ihrer Landsleute im heimischen Wigwam.

Eine merkwürdig gespenstische indianische Prophetie war bereits 1586 Thomas Hariot auf seiner Raleigh-Expedition in North Carolina zu Ohren gekommen und zwei Jahre später von ihm in England veröffentlicht worden. Er berichtete, daß während einer unter den Indianern grassierenden Epidemie keiner der Engländer ernstlich erkrankte. Offensichtlich hatten diese den Infekt eingeschleppt und wurden in ihrer Immunität als Übermenschen bewundert: »Einige wußten nicht zu sagen, ob wir Götter oder Menschen waren.« Doch dann kam die Intuition über einige Algonkin-Propheten des Jahres 1586, die »weissagten: Mehr von unserem (europäischen) Geschlecht würden noch kommen, um ihre Leute zu töten und ihre Orte wegzunehmen... Die, die unmittelbar nach uns kommen würden, stellten sie sich in der Luft vor, unsichtbar und ohne Körper. Diese würden – auf unser Begehr hin und aus Zuneigung zu uns – die Menschen durch unsichtbare Projektile, die sie in die Personen hineinschießen, zum Sterben bringen...«

Die Prophetie erfüllte sich, lange bevor irgend jemand etwas von Viren und Bakterien wußte.

Nach Gold waren die Europäer 1607 ausgezogen; Tabak-Gold hatten sie gefunden, im Gefolge davon die indianische Kultur in »Reservate« gedrängt. Dasjenige des Mattaponi-Stammes datiert von 1658. Wie geschichtsmächtig war – und ist – das Tabakgewächs! König Jacob I. stach der Qualm dieser Pflanze in der Nase. Weitsichtig hielt er den

Sir Walter Raleigh (ca. 1552–1618)

von Sir Walter Raleigh in die Wohnhallen Englands gebla-
senen Rauch für gesundheitsgefährlich. »Eine fettige und
ölige Art von Ruß ... wurde in einigen großen Tabakkonsu-
menten entdeckt«, so hatte Jacob höchstpersönlich in seiner
Schrift *Ein Gegenschlag gegen den Tabak* (1604) verkündet.
Was da »die Luft infiziere«, sei »schädlich für die Gesundheit des ganzen Körpers«. Als wohl erster prominenter
Nichtraucher-Aktivist hatte der aus Schottland stammende
König den qualmenden Raleigh gleich im ersten Jahr seiner

Regierung ärgerlich in den Tower gesetzt – freilich nicht nur deshalb. Dem friedliebenden König war Raleighs aggressive Politik gegen die Spanier auf die Nerven gegangen. Raleighs Widersacher hatten so ein leichtes Spiel gehabt, Königin Elisabeths Günstling wegen angeblicher Umsturzpläne anzuschwärzen. Nur in letzter Minute war Raleighs Todesurteil in Towerhaft verwandelt worden, die er von 1603 bis 1616 verbüßte.

Das blättrige Gold sollte Virginia und die Südstaaten in der Folge noch auf andere Weise tiefgreifend sozial verändern. Die Tabakpflanze benötigte intensive Pflege; viele Arbeitshände wurden gebraucht. Mehr zufällig waren bereits 1619 rund zwanzig Schwarze von einem Segler aus der Karibik am James River an Land gegangen. Der Kapitän des holländischen Seglers hatte über Proviantknappheit geklagt und war froh gewesen, die schwarzen Esser dem Gouverneur von Jamestown für eine Lebensmittellieferung zu überlassen. Die Schwarzen wurden zunächst wie viele Weiße als »indentured servants« behandelt: Solche »Knechte« verpflichteten sich durch Vertrag, für eine Zeitlang einem Herrn dienstbar zu sein, um von diesem ausgelegte Kosten für Unterhalt oder atlantische Schiffspassage zurückzuzahlen. Erst später gerieten Schwarze in Sklaverei, was im letzten Jahrhundert zum Zerwürfnis zwischen den Nord- und Südstaaten, ja zum Bürgerkrieg (1861–64) beitrug.

In der Indianerfrage nahmen in Virginia am Ende des 18. Jahrhunderts wenigstens einige wenige Köpfe wie Thomas Jefferson (1743–1826) eine aufgeklärtere Haltung ein. Noch 1693 war bei der Gründung des »College of William and Mary« in Williamsburg-Virginia, der nach Harvard zweitältesten Universität der Vereinigten Staaten, eine Professur »für die Instruktion der Indianer und ihre Bekehrung zum Christentum« gestiftet worden. Den »Wilden« sollte weiße

Kultur beigebracht werden. Thomas Jefferson versuchte dagegen, diesen sogenannten Brafferton-Lehrstuhl in ein Institut umzuwandeln, das sich – auch – mit dem »Sammeln« der indianischen »Traditionen, Gesetze, Sitten, Sprachen und anderer Umstände (befaßt), die zur Aufhellung der Beziehung (der indianischen Stämme) zueinander oder zur Entdeckung ihrer Abstammung von anderen (z.B. asiatischen) Nationen führen könnten«. Neben Instruktion in weißer Kultur, die der Stifter des Lehrstuhls Ende des 17. Jahrhunderts vorgeschrieben hatte, sollte die indianische Kultur selber wahrgenommen werden. Diese Art von anthropologischer Feldforschung, wie sie Jefferson im Kopf hatte, wurde freilich erst viel später durch die 1879 gegründete Ethnologie-Abteilung der Smithsonian Institution in die Tat umgesetzt und systematisch betrieben. Aber da war es für die Indianer Virginias schon zu spät. Bereits zu Jeffersons Zeit ließen sich nur noch etwa sechs der rund dreißig Powhatan-Stämme ausfindig machen. »Von den Mattaponi sind nur drei oder vier Männer übrig, und sie haben mehr schwarzes als rotes Blut in sich. Sie haben ihre Sprache verloren und sich durch freiwillige Verkäufe auf etwa 20 Hektar Land beschränkt, das am Fluß ihres eigenen Namens liegt... Die Pamunkeys sind auf etwa zehn oder zwölf Männer reduziert... Die älteren unter ihnen erhalten ihre Sprache in geringem Maße. Das sind die letzten bislang bekannten Spuren der Powhatan-Sprache« – bereits Ende des 18. Jahrhunderts.

Jefferson war seiner Zeit voraus. Die weiße Indianerpolitik des 19. Jahrhunderts war nur sehr wenig von völkerkundlichem, noch weniger von völkerverbindendem Interesse geleitet. Die europäischen Siedler verlangten nach mehr und mehr Farmland. Präsident Andrew Jackson unterzeichnete 1830 den »Indian Removal Act«. Die Einheimischen-Stämme wurden westwärts gedrängt. Die Cherokesen North Carolinas verloren 1838/39 auf einem Gewaltmarsch in das westlichere Oklahoma viertausend Menschenleben. Dieser »Pfad der Tränen« markiert lediglich ein Beispiel aus der todbringenden Geschichte zwischen Rot und Weiß.

Pocahontas' einziger Sohn, Thomas Rolfe, wurde bei Verwandten in England erzogen. Nach dem Tod seines Vaters kehrte er in den 1630er Jahren als Erwachsener nach Virginia zurück, wo er bis heute Nachkommen hat. Sein indianischer Familienteil schenkte ihm fast 500 Hektar Land, was ihm – neben den vom Vater ererbten 162 Hektar – Wohlstand und Einfluß in der Kolonie sicherte. Er stand auf der Seite der Sieger, war über seine Identität nicht im Zweifel, obwohl er im Winter 1641/42 wenigstens einmal seine indianischen Verwandten besuchte. Zwischen Weihnachten und Neujahr holte er vom Gouverneur eine Sondergenehmigung ein, seinen Großonkel Opechancanough und eine Schwester seiner Mutter aufsuchen zu dürfen. Ein derartiges Plazet der Kolonialregierung war nötig, da seit 1631/32 selbst das Sprechen mit Einheimischen verboten war.

Von Thomas Rolfes Tochter stammen die angesehenen Virginia-Familien der Bollings und Randolphs ab. Als der Rassimus der Südstaaten Indianer und Schwarze zu Menschen minderen Wertes stempelte, erreichten es Thomas Rolfes Urururgroßkinder, nicht als indianische »Mischlinge« eingestuft zu werden. Mit Rücksicht auf Pocahontas' Nachkommen wurde dekretiert, daß Virginier mit weniger als einem Zweiunddreißigstel indianischen Blutes noch als »weiß« zu betrachten waren...

11

Gepeitscht vom Kanu auf rollenden Wassern

Ein Reservat in Virginia

Wer heute auf Landstraßen Virginia-Tidewater durch-
streift, mag dort draußen »in the country« seinen Weg zu
zwei indianischen Reservaten finden, wo Nachkommen der
Pamunkey und der Mattaponi in Holzhäusern leben. Kleine
Museen empfangen den Gast. Der Bruder eines »honorary
chief« wird Besuchern im Mattaponi-Museumsladen
freundlich Auskunft geben und ihnen vielleicht auch erzählen, daß der 1969 verstorbene Chief O.T. Custalow als
bislang einziger Indianerhäuptling zugleich ordinierter baptistischer Pfarrer war und die indianische Gemeinde des
Reservats betreute. Er wird vielleicht auch den Abzug eines
Photos zeigen, auf dem ein Häuptling in vollem Federschmuck und eine Frau mit weißer Feder im Haar einander
gegenüber knien. Unter dem Bild steht: »Chief Custalow,
ein ordinierter baptistischer Pfarrer, und Prinzessin Weißfe-
der, seine Squaw, knien in der Kapelle, in der Pocahontas
Christus annahm.« Der Besucher vergesse nicht, beim Aus-
gang eines der Faltblätter mitzunehmen und sich gefangennehmen zu lassen von ein paar Zeilen sprachmächtiger
Poesie – christlichen Inhalts.

Die letzten Worte über Pocahontas seien – bewußt ohne
Kommentar – den Nachkommen ihres eigenen Volkes
überlassen. Die Nachfahren der Mattaponi weisen mittlerweile mehr Schwarze und Weiße in ihrer Ahnentafel auf als
Rote, pflegen aber entschieden ihr Powhatan-Erbe und indianische Identität. Sie wohnen dort draußen »13 Meilen
westlich von West Point an dem ursprünglichen Sitz der

Mattaponi, dem Chief Powhatan und Opechancanough viele Besuche abstatteten... Sehen Sie die Kette, die Pocahontas trug, und den Tomahawk, den Opechancanough besaß und 1622 und 1644 in zwei Schlachten benutzte... Sehen Sie das indianische Steinzeit-Museum... Willkommen.« Die maschinegeschriebene Vervielfältigung informiert den Besucher ausführlich:

Die Indianer vom Mattaponi-Stamm sind der letzte Überrest von einem der zweiunddreißig Stämme, die einst von dem großen Chief Powhatan regiert wurden... Die kriegerischen Stämmen der mächtigen Konföderation hatten 2400 Krieger, deren verheerende Angriffe auf die frühen Siedler in Virginia in der Geschichte wohlbekannt sind. Der größte der Stämme... war der der Pamunkeys, dessen Gesamtzahl von Männern, Frauen und Kindern im Jahr 1607 auf ca. 1000 geschätzt wird.

Nach dem Tod Powhatans im Jahr 1618 wurde sein ältester Bruder, Opitchapan, Erbe. Opitchapan scheint Pocahontas' Lieblingsonkel gewesen zu sein. Er gab sich gegenüber den Kolonisten freundlich und scheint ein milde gesitteter und friedlich eingestellter Regent gewesen zu sein. Der mächtigere und kämpferische, aber hochintelligente Bruder Opechancanough rang bald Opitchapan die Herrschaft ab und begann nahezu unverzüglich, Pläne zur Vernichtung der Kolonisten zu schmieden. Er redete den Stämmen zu, ihre Bäume zu retten, »wo die Adler nisten, und ihre Dickichte, wo die Hirsche liegen«. Er betrachtete seine Kriegskeule und befahl, Jamestown zu zerstören. Chanco, der indianische Jüngling, eilte in den Wald, um seinen Kolonisten-Freunden in Jamestown mitzuteilen, daß der unschuldige Pfad, den der Hirsch zieht, noch vor Morgendämmerung blutgetränkt sein würde. Über Schlingpflanzen stürzend und böse zerkratzt von Dornen, stolperte er zum Haus von

Richard Pace, einem Freund und Anhänger des christlichen Glaubens, welchen Chanco kürzlich angenommen hatte. Er warnte ihn, daß seine Leute den Kriegspfad beschritten hätten und daß er einen Stammesangehörigen erschlagen hätte, der versucht hätte, ihn an seiner Freundschafts-Mission zu hindern. Er bat sie, hinter die Palisade zu fliehen und ihn mit sich zu nehmen, da sein Leben in Gefahr sei. In John Smith' Geschichte von Virginia erzählt er von diesem Massaker von 1622 und berichtet auch von Opechancanough, ... dem gefürchtetsten Feind, den die Kolonisten jener Zeit je hatten.

Heute ist das Mattaponi-Reservat etwa 51 Hektar groß; etwas mehr als 18 davon sind Ackerland. Der Rest ist Wald und sumpfiger Boden.

Verfassungsmäßig ist der Stamm eine echte Demokratie. Er ist von der Steuer ... befreit. Das steht in Übereinstimmung mit einem Vertrag von 1646 zwischen den Indianern und den Vertretern des Königs von England. Statt Steuern zu zahlen, bringen sie jedes Jahr zur Thanksgiving-Zeit dem Gouverneur von Virginia einen Tribut von wildem Hirsch, Fisch und Truthähnen. Dies ist heute keine Pflicht, wird aber als Sitte fortgesetzt...

Die Mattaponi-Indianer sind gemäßigt, moralisch und friedlich. Verstimmung zwischen dem Stamm und seinen Nachbarn ist fast unbekannt. Der Stamm ist außergewöhnlich stolz auf seine Herkunft und erzählt gerne, wie tapfer und hartnäckig ihre Vorväter dem Eindringen der Weißen widerstanden. Opechancanough ist der Held des Stammes. Seine Mitglieder haben besondere Freude daran, die bekannte Geschichte zu erzählen, wie dieser namhafte Chief, als er alt und klapprig war, auf einer Trage zur Schlacht geschleppt wurde, damit seine Präsenz seine Männer inspirierte.

Der 1969 verstorbene Chief Hos-Ki-No-Wa-Na-Ah, O. T. Custalow, Baptistenpfarrer und federgeschmückter Häuptling, dichtete den 23. Psalm so um:

Der Große Geist und Vater – ein Hirten-Chief...
Und ich sein Schaf und mit ihm...
Er gibt mir ein neues Kanu – der Name des Kanus ist Liebe.
Er zieht mich und zieht mich dorthin, wo das Wasser flach ist,
Wo das Gras grünt,
Unter den Schatten der großen Ulme.
Ich esse und trinke und strecke zufrieden mich aus.

Bisweilen ist der innere Mann – die Seele – elendsschwach,
Er stolpert und stürzt.
Aber der Große Geist, Hüter, richtet ihn wieder auf
Und zieht mich hinein in seinen großen Wald auf Pfade,
Die friedlich und ruhig sind.
Sein Name ist über allen Namen.
Der Große Geist, Gott, OKEE.
Manchmal währt (meine Schwäche) eine kurze Zeit,
Manchmal lange, lange Zeit,
Viele Monde, ich weiß es nicht.
Er wird mich geleiten
An einen Platz zwischen Bergen und großen Wassern.
Dunkel ist es dort,
Aber ich werde ohne Furcht sein,
Denn dort zwischen jenen Bergen und großen Wassern
Wird er mir begegnen,
Der Große Geist, Hirte, Gott.
Und der Hunger, den durch viele Monde hindurch
Ich im Herzen trug, wird gestillt sein.

Manchmal macht er das neue Kanu,
Das Liebe heißt,
Zur Peitsche,

Und peitscht mich
Und peitscht mich
Mittels der wütend rollenden Wasser.
Aber danach gibt er mir Ruhe
Und friedliche Gewässer zum Ausruhen.

Er bereitet einen Tisch vor mir,
Wenn ich schwach und krank,
Darauf alle Sorten guten Essens –
Rothirsch, Büffel und Fisch aller Art,
Auch des weißen Mannes Speisen.
Und wir alle setzen hin uns zusammen
Und essen das, was zufrieden macht.

Er rührt meinen Kopf mit seinen Händen an,
Und die Schwäche
Und Müdigkeit entschwinden.
Er füllt meinen Kelch – mein Herz –
Mit Liebe, bis es über- und überläuft.

Jetzt bin ich alt.
Ich sitz' in der Tür meines Wigwams...
Eines Tages werde ich reisen
Aus den Bergtälern hinweg
Über die großen Wasser
Hin zum Großen Zelt,
Und ich werde mich setzen zu meinem Hirten, dem
Chief,
Dem Großen Geist, Gott, OKEE,
In den glücklichen Jagdauen,
Wo nicht mehr sein wird Krankheit noch Trauer.
Dort werden wir alle uns vereinen
Als Brüder in dem glücklichen, seligen
Jagdgrund, dem Himmel, dem Großen Jenseits
Für immer und immer.

Möglicherweise war es diesem Mattaponi-Chief besser gelungen, das Christentum in seine Lebenswelt zu übersetzen,
als denen, die es seinen Vorfahren beigebracht hatten. Me-

ditierend über einen Text aus dem Johannesevangelium (3,16) schrieb derselbe Mattaponi-Chief Custalow aus dem 20. Jahrhundert für seine Museumsbesucher auf einem Handzettel: »Niemand in der weiten Welt könnte jeden in der Welt lieben. Die meisten Menschen finden es ziemlich schwierig, alle ihre Verwandten gern zu haben. Aber Gott hielt es für möglich, mit seinem großen Liebesherz jedes Individuum in der weiten Welt liebevoll zu umfassen. Wie beispiellos ist seine wundervolle ... Liebe, die keine nationalen Grenzen kennt, keine rassischen Schranken und keine sozialen Trennlinien.«

Pocahontas, die Indianer-Prinzessin, bewegte sich zwischen Welten – über Grenzen, Schranken und Trennlinien hinweg. Zum nordamerikanischen Mythos geworden, versinnbildlicht ihre Figur die Möglichkeit der Integration verschiedener Rassen und Kulturen. In den Vereinigten Staaten wurde sie deshalb zu einer »Mutter der Nation«, zu der sich viele hingezogen fühlen. Welches sind für das zunehmend multikulturelle Europa die Identifikationsfiguren, die symbolisch das friedliche Koexistieren der Kulturen vorwegnehmen und zum gegenseitigen Befruchten und Voneinander-Lernen anregen?

Was sich im Innern der historischen Pocahontas aus zwei verschiedenen Kulturen vereint haben mag – wir wissen es nicht. Schreiben über sie, das taten die anderen. Von ihr selber aufgezeichnet, erreicht uns kein Wort. Erhellend, aber spärlich sind die Zitate aus ihrem Mund. Im Ohr liegen die Worte des Chiefs Custalow, der – wie unsere Prinzessin – ein Ineinander zweier Kulturen gelebt.

Chief O. T. Custalow, Pastor der Mattaponi Indian Baptist Church, starb 1969.

Chronologie

Zeit	Powhatan-Konföderation	Engländer
1584–1590		Raleighs Expeditionen an die Küste Carolinas und Georgias
1595	Geburt der Pocahontas	
Ende 16. – Anfang 17. Jh.	Powhatan zwingt ca. 30 Stämme in eine Konföderation	
1606		Gründung der Virginia Company in London
Frühjahr 1607		Gründung der Kolonie Jamestown in Virginia
2. Jahreshälfte		Niedergang; mehr als die Hälfte der Männer stirbt
Ende August		Smith wird Vorratswart
September		Ratcliffe löst Wingfield im Council-Vorsitz ab
November		Smith erkundet den Chickahominy River
Dezember 1607 – Januar 1608	Pamunkeys nehmen Smith gefangen; Rundreise durch Teile der Konföderation; Smith' Adoption und Initiation 1. PHASE: Integrationspolitik, Frieden	
		Newports 1. Nachschub mit über hundert Neulingen

Januar – Februar	Hilfszüge nach Jamestown; oft schickt Powhatan Pocahontas als Anführerin mit	
Ende Februar	Smith und Newport bei Powhatan	
April		Newport und Namontack segeln nach England ab; Nelson landet mit neuen Kolonisten an
Mai	Diebstähle von Metallgeräten	Gefangene auf beiden Seiten, Gewaltakte; Pocahontas wird vom Vater als Vermittlerin geschickt, Friede kehrt zurück
Juni – September		Smith erforscht die Chesapeake Bay und wird nach der Reise neuer Council-Vorsitzender
Oktober		Newports 2. Nachschub mit ca. 70 Neulingen, darunter erste Deutsche
	Maisernte-Fest; »Krönung« Powhatans	
Oktober 1608	Beginn der 2. PHASE: Passiver Widerstand, Handelsembargo	
Januar 1609	Smith bei Powhatan; dessen gespenstischer Abzug; Pocahontas als Akteurin in listenreichen Inszenierungen ihres Vaters; Opechancanough als Geisel	Lebensmittelknappheit
August		Ankunft von Resten der 3. Nachschub-Flottille, ca. 300 Neulinge; zwei Ableger-Kolonien, lokale Gewaltspiralen

173

September/ Oktober		Smith wird verletzt und kehrt nach England zu- rück; Percy wird Council- Vorsitzender. London im Jahre 1609: Die Verfassung der Virgi- nia Company wird geän- dert
Ende 1609	Beginn der 3. PHASE: Aktiver Widerstand, Attacken	
1609/10		Bermudas: Die Schiffbrü- chigen des Flaggschiffs der 3. Nachschub-Flottille überleben. Jamestown: Hungerwin- ter, über 400 Tote
Mai/Juni 1610		Ankunft der Bermuda- Leute; Beschluß, die Kolonie aufzugeben
um 1610	Pocahontas heiratet den Indianer Kocoum	
Juni 1610 – März 1611		Gouverneur Delaware reformiert die Kolonie; Argall knüpft Handels- kontakte zu den Patawa- make am Potomac River
1611/12		unter Polizeichef Dale und Gouverneur Gates expan- diert die Kolonie; 1611 wird Henrico gegründet; Rolfe experimentiert 1611/12 mit Tabakpflan- zen und schickt 1613 eine erste Ernte nach England
April 1613	Pocahontas weilt am Potomac River als Leiterin einer Handelsdelegation ihres Vaters	Argall nimmt Pocahontas als Geisel, um Powhatan zu erpressen

1613/14		Pocahontas' Liebe zu John Rolfe und ihre Europäisierung im Pfarrhaus von Henrico; Taufe
April 1614	Beginn der 4. PHASE: Der »Pocahontas-Frieden«	Hochzeit
1615		Geburt von Thomas Rolfe
1616/17		Pocahontas' Englandreise: Hof, Theater, Gesellschaft
1617		Umzug nach Branford; Wiedersehen mit Smith – Tadel
31. 3. 1617		Begräbnis der Pocahontas
April 1618	Tod Powhatans	
1. 4. 1622	Das Massaker des schwarzen Freitags	
1622–1644	5. PHASE: »Powhatan War«	

Quellen

Sekundärliteratur findet sich z. B. bei Robert S. Tilton aufgeführt: Pocahontas. The Evolution of an American Narrative, Cambridge Studies in American Literature and Culture Nr. 83, Cambridge, England 1995. Im folgenden werden wichtige historische Primärquellen aufgelistet.

Alle Zitate im obigen Text wurden vom Verfasser übersetzt. Klammern innerhalb der Zitate stammen stets vom Verfasser. Namen in Klammern hinter Zitaten benennen Autoren historischer Quellen. Eine Jahreszahl wird dem Namen dann beigegeben, wenn ein Autor mehrere Quellenwerke verfaßte. Taucht ein solcher Autorenname ohne Jahreszahl auf, so gilt die zuletzt im Zusammenhang dieses Namens genannte Ziffer. Auf Seitenzahlen wurde verzichtet, da die Quellenwerke oftmals nachgedruckt wurden.

ARCHER, Gabriel, A letter of M. Gabriel Archer, touching the voyage of the fleet of ships, which arrived at Virginia, without Sir Tho. Gates, and Sir George Summers, 1609. In: Purchas, Purchas His Pilgrimes, s. u.

–, Capt. Newport's discoveries, Virginia, May (1607): American Antiquarian Society, Transactions and Collections IV, 1860.

ARGALL, Samuel, A letter touching his voyage to Virginia, and actions there, written to N. Hawes, June 1613. In: Purchas, Purchas His Pilgrimes, s. u.

–, The voiage from James Towne to seeke the ile of Bermuda ... June 1610. In: Purchas, Purchas His Pilgrimes, s. u.

–, Report nach London, 1617. In: Kingsbury, s. u.

ARGALL, Samuel / ROLFE, John, Bericht über Pocahontas' Tod an die Virginia Company, 1617. In: Smith, 1624, s. u.

BARBOUR, Philip L., Hg., The Jamestown Voyages under the First Charter 1606–1609, Cambridge 1969.

BARLOWE, s. u. in Hakluyt.

BEVERLEY, Robert, The History and Present State of Virginia, London 1705, 2. Aufl. 1722.

BROWN, Alexander, The Genesis of the United States, Boston 1890.

CHAMBERLAIN, John, The Chamberlain Letters, hg. v. Elizabeth Thomson, London 1966.

COUNCIL OF VIRGINIA, The True Declaration of the Estate of the Colony in Virginia, London 1610.

CRASHAW, William, A Sermon Preached in London Before the Right Honourable Lord La Warre, Lord Governour ... of Virginia, and Others of His Majesties Counsell for That Kingdome, and the Rest of the Adventurers in That Plantation ... Febr. 21, 1609, London 1610.

DALE, Thomas, A letter of Sir Thomas Dale ... June 18, 1614. In: Purchas, Purchas His Pilgrimes, s. u.

DE LA WARRE, Thomas West, The Relation of the Right Honourable the Lord De La Warre, London 1611. Nachdruck London 1858, auch in Brown, s. o.

–, Lorde De la Warr to the right honourable ... the Earl of Salisbury, 1610. In: Brown, s. o.

HAKLUYT, Richard, The Principal Navigations Voyages ... of the English Nation, London 1598–1600. Nachdruck Glasgow 1903–1905.

HAMOR, Ralph, A True Discourse of the Present Estate of Virginia ... till 1614, London 1615. Nachdruck Richmond, VA 1957.

HARIOT, Thomas, A Briefe and True Report of the New Found Land of Virginia [gemeint ist v. a. der Teil des damaligen »Virginia«, der heute North Carolina heißt], 1588, 1590 hg. v. Theodor de Bry mit Stichen von Zeichnungen John Whites. Zahlreiche Nachdrucke, auch in Hakluyt, s. o. Am leichtesten zugänglich in der Standard-Anthologie »The Norton Anthology of English Literature«, Band I, z. B. 3. Aufl. New York 1974, 1078–1083.

JAMES I/ JACOB I., König v. England, A Counter-Blaste to Tobacco, London 1604. Nachdruck Edinburgh 1885.

JEFFERSON, Thomas, Notes on the State of Virginia, London 1787. Neu hg. mit Jeffersons eigenen Zusätzen aus der Zeit nach 1787 von W. Peden, New York – London 1982.

JOURDAIN, Sylvester, A Discovery of the Barmudas, London 1610.

KINGSBURY, Susan M., Hg., The Records of the Virginia Company of London, Washington, DC 1906–1935.

MONTAIGNE, Michel de, Of the Cannibals, translated by John Florio, London 1603.

MORYSON, Fynes, An Itinerary, 1617. Nachdruck Glasgow 1908.

PERCY, George, A Trewe Relacyon (Virginia from 1609–1612): Tyler's Quarterly III, 1922.

–, Observations Gathered Out of a Discourse of the Plantation of the Southerne Colonie in Virginia by the English, 1606. In: Purchas, Purchas His Pilgrimes, s.u.

PURCHAS, Samuel, Purchas His Pilgrimes, or Hakluytus Posthumus, London 1624. Nachdruck Glasgow 1905–1907.

–, Purchas His Pilgrimage ..., London 1613.

QUINN, David B., Hg., The Roanoke Voyages 1584–1590, Cambridge 1955.

RATCLIFFE, John, Letter to the Earl of Salisbury, 4 October 1609. In: John Smith, Travels and Works, hg. v. Edw. Arber, s. u.

ROLFE, John, Letter to Sir Thomas Dale. Als Anhang in: Hamor, 1615, s. o.

–, A True Relation of the State of Virginia Lefte by Sir Thomas Dale, Knight, in May Last, 1616, hg. v. J. C. Wylie – F. L. Berkeley Jr. – J. M. Jennings, New Haven 1951.

–, Letter (an Edw. Sandys) 1617: Virginia Magazine of History and Biography X, 1902.

–, The Will of John Rolfe: Virginia Magazine of History and Biography LVIII, 1950.

SINCERUS, Jodocus, Itinerarium Galliae ..., Lyon 1616, mehrere Auflagen bis 1656 (darin Reiseführer für England für die Zeit von ca. 1610 von dem Deutschen Justus Zinzerling).

SMITH, John, A True Relation ... Virginia since the First Planting of that Collony..., London 1608.

–, A Map of Virginia..., London 1612.

–, A Description of New England..., London 1616.

–, New England Trials, London 1620, 2. erweiterte Aufl. 1622.

–, The Generall Historie of Virginia, New England, and the Summer Isles (= die Bermuda-Inseln)..., 1624. Nachdruck Glasgow 1907.

–, An Accidence..., London 1626.

–, A Sea-Grammar..., 1627. Nachdruck (zus. mit »The Generall Historie...«) Glasgow 1907.

–, The True Travels, Adventures, and Observations of Captaine John Smith..., 1630. Nachdruck (zus. mit »The Generall Historie...«) Glasgow 1907.

–, Advertisements for the Unexperienced Planters..., London 1631.

–, The Last Will and Testament of Captain John Smith, Cambridge, Mass. 1867.

Leicht zugänglich sind die Smith-Werke in: Edw. Arber, Hg., Works, The English Scholar's Library Nr.16, Birmingham 1884; ders., Hg., Travels and Works, Edinburgh 1910.

SPELMAN, Henry, Relation of Virginea (1609), London 1872. Nachdruck in: John Smith, Travels and Works, hg.v. Edw. Arber, s. o.

STITH, William, History of the First Discovery and Settlement of Virginia, Williamsburg, VA 1747. Nachdruck Chapel Hill, NC 1912 (Stith kommt als Quelle insofern mit in Frage, als er durch verwandtschaftliche Beziehung Zugang zu Rolfescher Familientradition hatte).

STRACHEY, William, A true repertory of the wracke, and redemption ... upon, and from the ilands of the Bermudas ... July 15, 1610. In: Purchas, Purchas His Pilgrimes, s. o.

–, The Historie of Travell into Virginia Britania, 1612. Hg. v. L. B. Wright – V. Freund, London 1953.

–, Hg., For the Colony in Virginea Britannia. Lawes.., London 1612.

SYMONDS, William, A Sermon Preached at White-Chappel, in the Presence of ... Planters for Virginia April 25, 1609, London 1609.

TYLER, Lyon G., Hg., Narratives of Early Virginia 1606–1625, New York 1907.

WELDON, Anthony, The Court and Character of King James, London 1650.

WHITAKER, Alexander, Good Newes from Virginia, London 1613. Nachdruck New York 1936.

WHITE, John, Journal. In: St. Lorant, Hg., The New World, New York 1946.

WINGFIELD, Edward M., A Discourse of Virginia. In: John Smith, Travels and Works, hg. v. Edw. Arber, s. o.

Bildnachweis

Folgende Institutionen erteilten freundliche Erlaubnis zur Veröffentlichung der Bildmaterialien:

Archiv für Kunst und Geschichte, Berlin: Vorsatz vorne, Frontispiz und S. 13, 26, 38, 39 unten, 40, 59, 135, 146, 163.

Ashmolean Museum, Oxford: S. 79.

British Museum, London: S. 17, 18, 19, 20, 37, 39 oben, 57, 58.

Colonial Williamsburg Foundation, Williamsburg, Virginia: S. 35.

Muscarelle Museum of Art, College of William and Mary, Williamsburg, Virginia: S. 12.

National Portrait Gallery, Washington, D. C.: S. 143.

New York Public Library, New York: S. 31.

State Capitol, Commonwealth of Virginia, Richmond: S. 29.

Virginia Museum of Fine Arts, Richmond, Virginia: S. 111.

Aus John Smith' *Generall Historie* von 1624 stammen die Stiche auf S. 42, 49, 54, 87.

Die Abbildung auf S. 171 ist einem Faltblatt des Mattaponi-Indianerreservats bei West Point, Virginia, entnommen.

Die Aquarelle indianischer Motive auf S. 17–20 und 37–39 stammen von John White (1585); die Stiche indianischer Motive auf S. 40 von Theodor de Bry; das Bild Jamestowns auf S. 35 von Francis Dayton; das Gemälde der Segelschiffe auf S. 29 von Griffith Baily Coale. Für das Buchcover wurde das auf ca. 1905 zu datierende Pocahontas-Porträt von Richard Norris Brooke (1847–1920) im Virginia Museum of Fine Arts, Richmond, mit einem Aquarell von John White kombiniert.

Die Vorsatz-Karte, ein Kupferstich von William Hole, basiert auf John Smith' kartographischer Arbeit *Map of Virginia* von 1612. Legende: *Der linke Fluß, »Powhatan flu.«, ist der heutige James River, an dessen Nordufer Jamestown liegt. Der nächste Wasserlauf stellt den heutigen York River dar, an dessen nördlichem Ufer Powhatans Werowocómoco zu erkennen ist (über den drei Bäumen). Die Innenansicht eines der »Kings howses« (Häuptlingshäuser) oben links: Powhatan thront erhöht, bereit, den gefangenen John Smith in Augenschein zu nehmen. Am Boden sitzen Männer und Frauen. Unter einem Tontopf brennt ein Feuer innerhalb des Hauses. Das Langhaus besteht aus einer mit Schilfgrasmatten behangenen, tonnengewölbten Holzkonstruktion.*

Frontispiz: *Pocahontas als Lady Rebecca im Jahre 1616 in England im Alter von 21 Jahren. Lateinische Umschrift: »Matoaka alias Rebecka, Tochter des höchst mächtigen Fürsten Powhatan, Imperators Virginias.« Stich nach dem im Jahre 1616 von Simon van de Passe gezeichneten Porträt.*

Frederik Hetmann

Die Büffel kommen wieder und die Erde wird neu

Märchen, Mythen, Lieder und Legenden
der nordamerikanischen Indianer

304 Seiten, gebunden mit Schutzumschlag

Mythen und Märchen sind die vielleicht verläßlichsten Zeugnisse über Zustand und Bewußtsein der Indianer, da sie aus einer Zeit herrühren, in der indianische Kultur und Zivilisation noch nicht durch die Weißen ge- oder zerstört waren. In Mythen und Märchen wird einmal mehr klar, wie stark die indianische Überlieferung von dem durchdrungen ist, was in der Zivilisation der westlichen Industrienationen erst in den letzten Jahrzehnten wiederentdeckt worden ist. In sieben Kapiteln, die jeweils thematische Einheiten bilden, versammelt der vorliegende Band die schönsten mythologischen und märchenhaften Überlieferungen der indianischen Nationen und Stämme Nordamerikas. In bewußter Absetzung von den beiden historischen Klischees der Indianerbetrachtung – dem des »edlen Wilden« und dem des zur Ausrottung freigegebenen Barbaren – entsteht hier ein Bild von der faszinierenden Phantasiewelt der Ureinwohner des amerikanischen Kontinents.

Eugen Diederichs Verlag

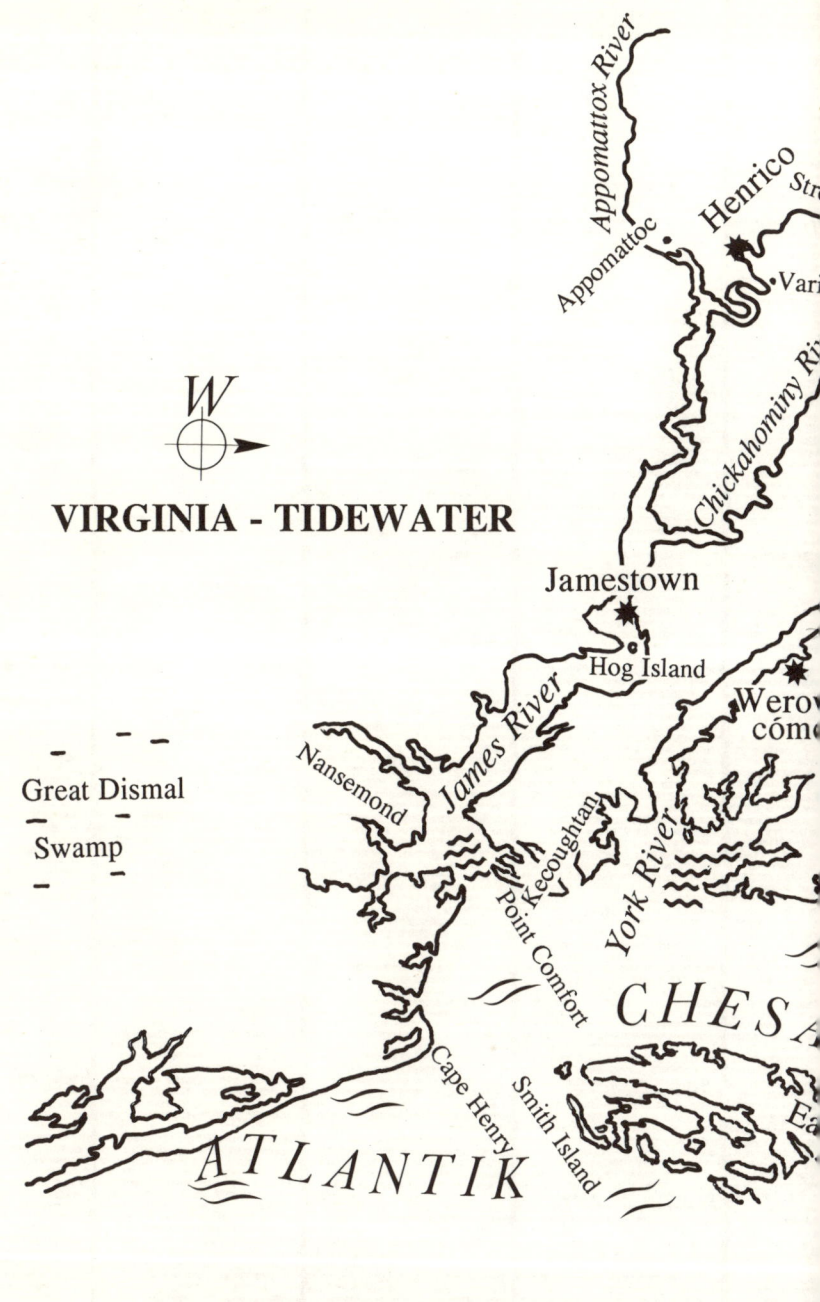

Jack Weatherford

Das Erbe der Indianer

Wie die Neue Welt Europa verändert hat

312 Seiten, gebunden mit Schutzumschlag

Vaseline, Chinin, Gold und Silber, Kautschuk, Kaffee, Kakao, Kartoffeln und Mais; das von den Indianern entlehnte amerikanische Regierungssystem und ökologischer Landbau der Maya: Geschenke Amerikas an Europa. Und was hatte Europa den amerikanischen Ureinwohnern im Austausch dafür zu bieten? Unterdrückung und Ausrottung! Der Anthropologe Jack Weatherford hat ein ebenso kenntnisreiches wie engagiertes Buch geschrieben über das, was die beiden Amerikas der Welt gegeben haben. Was wäre die ungarische Küche ohne Paprika, die chinesische ohne Chili? Wären Preußen und Rußland zu den großen Kontinentalmächten aufgestiegen, hätte es nicht die Kartoffel gegeben? Wie kommt es, daß Aspirin die gleiche chemische Zusammensetzung hat wie bestimmte fiebersenkende Rindersude der Indianer? Was wäre Europas Wirtschaft ohne das peruanische Silber? Weatherfords zentrale These, auf überzeugende Weise und in einem mitreißenden Stil vorgetragen, lautet: Wir haben den Beitrag der amerikanischen Indianer beider Kontinente zur Weltwirtschaft und zur Zivilisation der Weißen viel zu lange unterschätzt oder einfach ignoriert.

Eugen Diederichs Verlag